人生十個重要課題　　　李灝麟 著

目錄

慷慨

願望

愛情

歲月的童話

幸福

智慧

閒暇

感恩

遺贈

序

這是一本記錄兩代溝通故事的奇書。我有幸先睹爲快，享受了一段愉悅有趣的閱讀旅程！我想從閱讀本書時得到的一點啟發，回應一下。

李灝麟老師，是運用比喻的高手，讀者可在書中欣賞到他眾多美妙的運用。其中一個是說「夢想」的。他寫道：「夢想猶如一位嚮導，可大大拉闊一個人的眼界。忽然一天，他引領我們回到起點，然後告訴我們，大家心底所渴求的，原來早在出發時經已擁有」。

假如真的如此，既然又回到了起點，嚮導先生，我們是否可以重新出發呢？我還想一次又一次的，經歷花花世界的萬千氣象呢！

嚮導先生沉默不語。嚮導先生，是不是您背後那位叫「時間」的老闆，限制了您？據說，她總是勇往直前，從來不走回頭路的。

您還說：「追夢是為有情的人而設」；「只要做夢做得真誠，總會教人動容」。

李老師，我坦白告訴您，我真的因您的真誠，動容了！就是在您申請「香港教師夢想基金計劃」，與評審面談，講解您這個夢想時，我就被您的奇妙創意、真誠與熱情，所打動了！

恭喜您，夢想成真！
感謝您，帶來《得閒傾偈》！

香港教師夢想基金主席
連文嘗
（退休校長／老少將）
2023 年春天

前言

假如一個人擁有以下特質，你會否心動——或至少不抗拒——跟他或她交朋友？

· 不太渴求購物；
· 易於相處；
· 喜歡思考生命。

於我，這類人格相當吸引，我甚至乎篤信，它關乎到人類的大未來。為什麼呢？

容我稍稍介紹一下自己。在我仍然年輕時，每逢在路上不遠處瞥見小小的麻雀或胖胖的白鴿，腦袋不其然就彈出一個念頭：「別怕，我無意傷害，不用飛走啊！」可是當我一旦靠近，沒有一隻膽敢留下來⋯⋯大了，除了鳥兒，偶爾還會注目半空中飛舞的蝴蝶和蜻蜓，有時就連路旁一棵樹及在其上徐徐爬行的小昆蟲亦足夠讓我駐足細看。大概，是我愈來愈珍愛天父各類的受造之物了。另外，亦會因為生活太過急促而懊惱，尤其當我仰頭望向藍天上的浮雲，要是頓覺一段長日子沒有察覺它在飄移，就會曉得自己的生活節奏亂了。

的確，我好「阿伯」——儘管我仍有一段頗長的路才可退休。

心理學家指出，人老去會與新價值觀相遇。老了，人會看輕一點物欲，生活更為簡樸。相處方面，態度變得柔和，待人接物少一點三尖八角。在平凡日子裡，亦會更常沉思生命。

地球需要更多如此這般的人，少一點追逐物欲，對人多一份溫柔，不時省察生命。說得誇張一點，老人家或可化身地球的守護者！

「如果年輕人可以親近這份靈性就好了。」這個念頭不時在我頭上徘徊。於是，我開始絞盡腦汁，嘗試想出一個點子，拉近一老一嫩兩代人，間接回應聯合國早在 1999 年為其「國際老人年」定下的呼籲——社會須學會擁抱無限齡（a society for all ages）。

我須強調，老人家並非一塊鐵板。我的焦點放在年齡介乎 65 至 74 歲的「老少將」（young old），而不是 74 至 85 歲的中老，或 85 歲以上的「老老」（old old）。外國慣常把老少將的十年描述為「黃金歲月」（golden years），因為剛從高壓的職場退下火線，兒女債還清了，樓又供完，一身擔子盡消，健康亦沒大礙，就算洪福難求，清福尚可享一享吧。當然，我須提醒讀者，香港長久以來，逾半的綜援個案，領取者均屬銀髮一族。本地沒有設立全民退休保障，長者的貧窮問題一直揮之不去。

老少將有一個格外值得注意的地方。他們都是戰後嬰兒，成長環境比其父母穩定得多，教育水平也相對高。根據政府統計處出版的《2016 年中期人口統計主題性報告：長者》，香港新一代的長者教育程度逐漸改善，當中擁有中學或以上教育程度的比例，由 2006 年的 25% 顯著上升至 2016 年的 39.6%。假如再將上述的「長者」細分為「老少將」、「中老」及「老老」三類，當中差異更加顯而易見。

2016 年本地長者的教育程度（中學或以上）	
老少將（65-74 歲）	50.7%
中老（75-84 歲）	32.4%
老老（85+ 歲）	15.6%

新一代的老少將，肯定不是目不識丁的。問題是，社會有多珍惜這些無形的資產？坊間為一般長者提供的活動，似乎流於閒情逸致，像書法和養生一類。更甚的是，這些活動未必能充分回應銀髮族的深層次需要。哈佛醫學院一個大型研究指出，老了仍對下一代的成長有份參與（generativity），才是安享晚年的訣竅。

在這個背景下，我想嘗試一個聆聽計劃，名叫「彼聲戴悅」，拉近一老一嫩兩代人，你聽我的，我聽你的。計劃為期一年，一位老少將與一位高中或大專生配對起來，彼此成為「聲友」（voice pals），每月圍繞一個正向主題，從心出發，各自錄一段五分鐘左右的聲音檔案給對方。這個方法有助建立一個相對平等的對話平台，不似一般的探訪活動，溝通略嫌單向——由長輩話當年，不時壟斷了話題。計劃另一亮點在於，聲友們不會見面，也不直

接聯繫，而是透過中間人，將其留言從 WhatsApp 轉發。在計劃最後一個月，雙方才揭開神秘面紗。當天，聲友們各帶一件實物，名為「我最寶貴的東西」，濟濟一堂跨代分享。

計劃有點「神秘天使」（secret angels）的色彩。大概，你不會太過陌生，所謂「神秘天使」，玩法是參與的人互相抽籤，然後在一段議定的日子內善待抽中的人，難就難在不可太過露骨，被對方揭發你就是他或她的小天使。「彼聲戴悅」借用這份神秘感，聲友經配對後，只會聽到其年輕或年長拍檔的聲線，不見其人，直至計劃結束時才會一睹廬山真面目。

計劃又有點「長腿叔叔」的影子。《長腿叔叔》是套日本動畫，改編自美國作家 Jean Webster 的同名小說，1991 年在香港首播。故事講述一名孤兒院長大的女孩 Judy，如何得到長腿叔叔青睞，繼而獲得助學。期間，Judy 久不久寫信給長腿叔叔分享生活點滴。此片播出後，坊間舉凡籌辦的跨代書信交流或輔導活動，不少都稱為「長腿叔叔信箱」計劃。然而，我想跨代交流的門檻更加輕鬆，儘管文字自有文字的好，但每月按時書寫一封信，對不少人始終是個擔子。昔日的「筆友」，可以利用科技的便利演化成今天的「聲友」嗎？

十個共悟人間的話題

據說，當老人家走在一起，話題久不久就回到身體哪裡出了毛病，或者一輪／多年沒見的某某君經已走了。所以他們不太介意跟年輕人打開話匣子，好脫離一下陰陰沉沉的對話。

「彼聲戴悅」嘗試拉近一老一嫩兩代人，但人生流流長，搭訕什麼主題好呢？我想聲友們偈得深入一點，共悟人間，不似一般探訪，僅僅噓寒問暖一番。試了一遍又一遍，拎出一張又一張白紙腦震盪，寫下一條又一條問題。當然，亦有參考書籍，除了學術的，也有坊間書店更為大眾的。我把五花八門的問題歸類，但又發覺欠缺一個框架把其扣連起來，直至遇上日本心理學家岸見一郎的《變老的勇氣》。岸見著書立說，旨在提倡從正面的角度認識變老這件事，認為變老不是「退化」而是「變化」，並以季節來比喻：「日本的季節從春季漸漸進入夏季，然後邁向秋季，又慢慢迎接冬季的到來。不同的季節有各自的優點，無法和其他季節進行比較。同樣地，老年和青年相比，並沒有比較差。」

一看，即時產生共鳴。年前走訪京都一趟，由於逗留時間不短，出發前刻意翻閱了一些書，認識了當地不少的事。這個美麗的日本古都，四時之景真的大不同：春天是粉紅色的，因有櫻花綻放；夏天是鬱鬱蔥蔥的，京都府三面環山，樹木林立；秋季是遍地豔紅的，因為一片又一片的楓葉都換上一件新衣；冬季則是白雪皓皓的，平時金碧輝煌的金閣寺——坦白說，有點俗——頃刻幻化成詩一般的仙境。對，季節不同，京都自有其美，很難說哪一季最好。大概，人的春夏秋冬也是如此這般罷了。另外，憶起了一條快樂曲線——研究人員屢屢指出，人的快樂有線可尋，是條「U」形，在幼年及老年處於顛峰兩極，活得最為愜意。言下之意，原來人老了又會重返童年時喜樂的心境，像冬去春來一樣循環不息。

於是，就用了人生的四季貫穿「彼聲戴悅」的分享題目。

先是春季。嬰孩哇哇落地，倘若沒人照顧，沒有一個可以活下去。當父母的，就算自己不吃，亦會想方設法餵飽寶寶。原來，生命得以成全，完全建基於他人的捨己行為上。用「慷慨」來破題，正是強調人是互相倚存的，社會不能一味高舉自力更生。接著一個題目談「願望」，中國人說一年之計在於春，西方人則叫「新年決心」（New Year's resolution），所以以此為題適合不過吧。

　　接著夏天。我的腦袋浮現一團熊熊烈火，火裡燒着一堆柴，這是「愛情」，在乾柴烈火中燒得格外旺盛。但又很熱，熱得夏日炎炎正好眠，讓人發了個仲夏夜之夢，在夢裡回顧自己「歲月的童話」。

　　來到秋天。前文提及，老少將的歲月被喻為人生的黃金十年，許許多多擔子終可放下，好不「幸福」。秋季也是收成的季節，人的閱歷豐富起來，積澱了不少「智慧」。另一邊廂，對於香港的小學生，秋季更是大旅行的時候，不禁讓人想起「閒暇」。

　　冬天降臨。在美國和加拿大，年底有一個全國節日，名叫「感恩節」，親友除了聚首一堂食火雞，還會數算過去一年蒙神眷顧的恩典。在香港，不少教會亦會在 11 月舉行感恩聚會。「感恩」這個主題，故此放在這個月。最後去到 12 月，一年快將結束，尤如人生離世的不爭事實。要走的人或會暗暗自忖：「我給後世留下了什麼？」作家 Joan Chittister 對此有深刻的見解，在其著作《老得好優雅》寫道：「大家往往忘了，我們每一個人都會留下遺贈，不管自己想到沒有，或者打算與否。我們的遺贈，就是留在身後的那些人的生命品質。我們曾經是什麼人，將會印入未亡

親友的心田，並且保存在那兒很多年。」原來，就算我們留不到一筆遺產，亦可留下一身遺贈。喜歡也好，不喜歡也好，我們的生命無時無刻都在發放著一些訊息，身邊的人看在眼裡，記在心上。

跨代溝通錦囊

有了話題，還需合宜的心態扶持。來自美國的銀髮族機構 The Eldering Institute，相信人與人之間的邂逅，可轉化人對真善美的看法。該會提出 6 大相處原則，讓交往促成知識的增長：

一、我們可以選擇回應的方式（response-ability）：人們的反應不時都相當條件反射，有人令我勃然大怒，我就立時反罵對方。然而，人可以作出選擇，我們有責任挑一個好的回應方式；

二、舊事已過（completion）：一個檸檬放在桌上，未吃已可想像出酸溜溜的味道，談不上什麼新鮮感。不少對話亦相仿，僅僅聽對方頭一句話，心裡便會納悶地說：「又係講呢啲！」然而，世上沒有一個檸檬跟另一個完全相同，甜酸度啊光澤啊質感啊，只要細看，不難察覺箇中差異。帶著這份心情聆聽，任何故事亦可滿有新意；

三、互相尊重（respect and compassion）：平等對話，不搞論資排輩，互相尊重；

四、真正繫上（authentic communication）：各人都有一把價值尺量度這個世界，這很自然，但稍一不慎或會防礙我們真正認識一個人，尤其遇上與自己價值觀相悖的人與事。例如，有人談及性取向，說自己不是異性而是同性戀，你會否立時論斷，變成道德法官？相反，我們可向人類學家取經，當他們走進一個新的社群，如與世隔絕的部落，儘管極目盡是「怪異」的行為，人類學家依然抱著一顆開放的心，嘗試理解行為背後的原因。帶著這份心思，才可好好認識他者的心靈世界；

五、虛己（humility）：人生總有不完美的一面，每個人都有不少限制，與其詛咒黑暗，不如燃點光明；

六、服侍人的心（service）：每次相遇，亦可視作祝福對方的機會。

上述最後一個原則，教人想起家庭治療大師 Virginia Satir 一席常被引用的話：「我相信，別人能給我最好的禮物，就是看見我、聆聽我、明白我和觸動我的心。我能夠送出最好的禮物，就是去看、去聆聽、去了解及觸動別人的心。如果我們都能做得到，我便會感到，我們真正地連繫著。」

由於聲友們每月均要按主題分享，他們亦被提醒少說道理，多講故事；避免空泛，著墨細節；不以交功課而以送禮物的心完成任務。

別說跨代溝通，就算同輩走在一起，談話內容不時也流於表面，似乎觸摸不到生命的癢處。盼望本書裡所輯錄的故事，卻可呈現一種新的可能，發現對話可以圍繞一個主題，傾談過後亦可上到人生一堂課，不限於一代人要向另一代人學習。法國著名學者 Theodore Zeldin 在其著作《對話：談話如何改變我們的生活》寫道，對話是個峰會，由帶著不同回憶與習慣的人參與。當思緒與思緒接觸，人們不僅僅交換資料，而是重新將其摸索、帶出新的含意，或者發展出一條嶄新的思路。「對話不只洗牌那麼簡單，還可創造出新的卡牌。」讀者您有興趣，不妨來個一年挑戰，每月按著書裡的主題問題與身邊摯友或家人打開話閘，看看一年過後，生命有否蛻變。

首個主題，就先談談慷慨。來，得閒傾傾偈吧！

鳴謝

沒有「香港教師夢想基金」，此書絕不可能面世。我是該計劃的第三屆申請者，構想出來的點子幸運地獲批撥款支持。更難能可貴的是，基金的主席連文嘗校長一口答應為這本書寫序。他是一位十分正氣的前輩，話語充滿感染力，尤其在演說的時候。其次要答謝的，是 3 位先後擔起文字轉錄和行政工作的同學，包括劉穎儀、柯瑩，以及馬家樂。無獨有偶，他們全都來自社工學系，見證像他們一個個心地善良的人入行，讓我仿如在黑夜裡瞥見星光一樣。道謝的話，當然不得不說給是次計劃 22 位參加者。由衷感謝他們的信任，願意作白老鼠，冒險參與一個在坊間從未推行過的社會創新計劃。我將在書末介紹他們，在此就不累贅，

不逐一提名了。不過，當中有位不能不提，就是我的一位恩師阿龐。除了撥冗參加，他由計劃尚未成形之初，經已給予我很多寶貴的意見，令我日後少一點碰釘。談到拆牆鬆綁，也要一提出版社旗下的青森文化同工。他們的專業精神一再超出我的預期，無論封面文案以及設計，或者內文的排版，真的教我喜出望外。最後（但不代表並不重要），不能遺漏我的準媽媽太太凱宜。在我心中，她是名副其實的造字高手，尤其改名，每每教我嘖嘖稱奇。過往我所寫的文章，標題大部分都是由她改的，這本書裡的小故事名稱也不例外。

四月：慷慨

有說，日本人搬到一個新地方，習慣送份小禮物給新鄰居。奇妙的是，小小一份心意，旋即把原本陌生的人，變成不再生疏的鄰舍。難怪，聯合國每年公布的《世界幸福報告》（*World Happiness Report*），在 6 大評核指標裡，其中一項就是「慷慨」。慷慨猶如一份禮物，我們只會在心裡覺得有餘時才送出。2020 年疫情爆發時，各地襲來一片搶購和囤積浪潮，似乎印證了「相爭不足，相分有餘」的道理。原來，倘若我們放軟自己的心，鬆開自己的手，除可轉化一己的意念（由「不足」轉為「有餘」），更可改變彼此的關係（由「相爭」變成「相分」）。一個小小的慷慨行動，微小但卻重要。

請選擇 A 或 B 作 5 分鐘的回應。

選項
A

分享一件最近做過的好事。

選項
B

所謂「施比受更為有福」，回想一份禮物，當你送出時感到無比滿足。

愛在口罩鬧荒時

小聲友：銘熙

　　我要分享最近一件做過嘅好事，喺我返工嘅時候發生嘅。件事都幾突然，我喺一間小食舖返兼職，咁我就攞住一張 100 蚊紙，去附近一間機鋪唱錢，唱 100 個一蚊散銀。我唱散銀嘅時候，見到服務台嗰個叔叔帶住個口罩，但個口罩係超級恐怖，恐怖到呢喺上面有一撻撻啡色，仲有啲係深黑色！我心諗：真係唔得囉！

　　當我唱完晒 100 個一蚊之後，即刻返去小食舖嗰度，將自己其中一個口罩分畀佢。雖然唔係話我有好多存貨，屋企都唔係有好多口罩，但係見到有一個人要咁樣去慳口罩，竟然咁樣都戴得上塊面嗰度，嗰一刻真係唔能夠忍受。就算我唔係有好多口罩，都想分一個口罩畀佢。因為我覺得，除咗話係為咗佢，仲為咗身邊嘅人。有好多人都喺佢身邊返工，如果真係咁唔好彩，咁咪即係大家都會好唔安全囉。我覺得做好事都係呢個原因，對其他人慷慨其實對自己都係好，當我畀完個口罩佢，我覺得佢真係好開心。佢覺得：「咦？點解會有人咁好嘅？全城都咁缺口罩，初頭仲要係咁搶，但當有人見到我有需要嘅時候，仲會分享一啲僅餘嘅嘢畀我！」

 ## 唔分享，就唔會連繫到

　　除咗見到人哋開心我都會開心之外呢，係真係俗啲咁講句：真係呢個世界會美好啲。就好似我頭先講嘅嗰個情況，如果佢賴

咗嘢，我都會有機會賴嘢㗎。雖然嗰時嘅口罩好珍貴，我都好掙扎，究竟畀唔畀佢好呢？但最後，都係覺得分一個口罩畀佢，係重要過我 Keep 多一個，有多一日或者係兩日嘅存貨。

我覺得人係好重要嘅，我哋做好事嘅時候，真係可以聯繫到身邊嘅人。如果我淨係顧我自己，淨係搶口罩畀我自己，唔同人分享，咁我一直都冇辦法同嗰個叔叔聯繫到，同佢嘅關係就一直係唱散銀嘅關係。經歷咗呢件事之後，我哋又可以傾多幾句偈，咁我成個圈子又開始大啲啦，識多啲朋友仔。我最鍾意識朋友仔，所以覺得做好事係對我好好嘅。

一件好事，讓原本陌生的人，變成相互點頭的人。

大聲友 Shirley 回應

你送口罩畀呢一個叔叔呢，我覺得你其實將你做社工個心，帶咗去你生活入面，即係唔係一個工作，而係一個人嘅職責，而唔係社工嘅職責。我覺得你年紀都好輕，識得咁樣做，好有呢個心，真係好難得啊。希望呢個心可以保持啦，因為有時一路上，會遇到唔同嘅情況，有時會令到初心受到傷害。呢個係要努力、小心保護同埋保持佢嘅。

魔法字典
小聲友：阿普

喺「慷慨」呢個主題，我選擇「施比受更有福」作為我嘅分享。呢個故事發生喺我讀完小學而準備升中一嘅時期。話說當時有一啲銜接課程，目的係令小學生盡快適應中學嘅生活。課程入面嘅英文堂，有一個突發活動，老師突然間派張工作紙畀我哋，然後就要我哋分組去查字典，解答工作紙裏面一啲好深嘅英文。當時老師係冇講過話要帶字典嘅，所以我哋全班都冇人帶，大家都係靠估。喺呢一個盲估嘅過程中，我哋需要討論，變咗大家都喺度拎住張工作紙亂咁噏、亂咁估，不知不覺大家就熟咗啦。我都因為呢張工作紙而識到我當時嗰組啲人。成件事都幾好笑嘅，雖然到最後我哋張工作紙嘅答案全部錯晒，不過老師都放過我哋，可能呢張工作紙嘅目的係想我哋 icebreaking。

有咗呢一次經驗之後，我哋啲同學個個都將本字典咋咋臨擺返落個書包度，以防唔知邊一日英文老師又會突然間派張工作紙，然後要即堂交個答案出嚟，咁就尷尬啦。去到下個星期，個英文老師又真係再派多張工作紙喎，因為大家都有所準備，所以就用到字典。有咗字典之後，我哋組完成工作紙嘅速度係全班最快嘅。

 留意到有人長期包尾

但係呢，我又留意到黑板上面嘅分表，見到最低分嗰組，佢哋長期都位於最尾。我去了解佢哋有咩困難，發現原來佢哋全組

人都冇字典，所以就完成唔到張工作紙或者要抄人哋。我好想幫，咁心諗如果我有多本字典，分享畀佢哋，咁我就可以改變到個情況。有咗呢個諗法之後，我返屋企即刻開個書櫃睇下啦，原來都有堆積咗唔少塵嘅字典，有啲比較重比較厚，有啲比較薄嘅，就好似我而家嘅字典一樣。最後我送咗本細嘅字典畀佢哋全組人，而大嗰本字典呢就變咗喺我個書包度。雖然我書包係重咗，但係諗深一層，嗰本字典雖然細但係佢依然可以應付到呢個分組活動嘅工作紙，變咗我可以改善佢哋平時上堂嘅參與度，我覺得呢個做法係值得㗎。

即使而家諗返，都冇後悔過，仲覺得可以用到我小小嘅能力去幫，改善到佢哋上堂情況，何樂而不為呢？我真係覺得好滿足，自己一個小小舉動，只係送本字典畀人，好似唔係好大嘅幫助，但係我覺得呢本字典好似成為咗我哋兩個組之間嘅契機。講緊嘅收穫唔只係我哋兩組之間嘅關係，更加重要嘅係佢令我感受到原來幫到人嗰種快樂。好老土咁講一句，真係唔係用錢買得到嘅。

呢一種快樂，係你覺得你嘅存在係有意義、有價值，因為你一個舉動就可以改善到人哋嘅生活。所以我覺得，「施比受更有福」，你能夠做到施者，其實某程度上嚟講，你要感恩有呢一個機會，可以透過「施」嘅動作去感受到自己真實嘅存在，以及自己喺世界上嘅意義。

慷慨
小貼士

你的身邊總有一個小小角落,等待著一個小小舉動,使其變得更美更善。

大聲友　Ivy　**回應**

我覺得你好好呀,識得欣賞自己所做嘅事,不卑不亢,唔容易呀。喺呢件事,你搵到人生嘅價值同意義,發現小小嘅行動就能夠使到別人快樂。呢個發現非常重要,唔係金錢可以買得到。同埋,我見到你,觀察力好強,又好關心周圍嘅人。你見到班裏面有其他組需要幫忙,好主動去幫佢哋。呢件事,相信對你有正面、好深遠嘅影響,因為到今時今日,你仲記得好清楚,同埋津津樂道咁分享。

我的失明朋友
大聲友：阿龐

青榕，我係阿龐啊！好高興第一次喺空中同你分享我最近嘅一個故仔。

上星期五晚，我睇電郵時發覺有一封好特別嘅，係我一位失明嘅朋友個女寫畀我。佢話：「我想同你 update 下我爸爸而家個健康情況，你聯絡下我啦，或者畀個 WhatsApp 我，等我睇下點樣同你聯絡。」

於是呢，我就即刻打電話畀佢，然後就知道我呢位失明朋友，患咗胃癌啊，所以最近個身體好差。仲有呢，佢太太又入咗醫院喎，因為跌親下甩咗個臼。聯絡我嘅係佢大女嚟㗎，佢妹妹喺澳洲返嚟探爸爸，帶埋啱啱出世個女，得十個星期大。你都知啦，而家個疫情真係好緊要，呢個妹妹都係經過好多重申請嚟香港，同埋嚟到都要隔離。

當我聽到咁嘅情況，都好掛心，即刻問個大女：「可唔可以聽朝早就嚟探你爸爸啊？」但後來諗下呢，唔得喎，而家係檢疫期間，個二女嚟香港仲未夠 14 日，我其實係唔可以入屋喎。咁我再同佢大女聯絡之後就決定，第二日朝頭早佢帶佢爸爸落樓，嚟同我見面。

咁到星期六早上啦，就遇上我呢位失明嘅朋友。我哋去咗佢屋邨對面嘅公園仔嗰度，坐低傾偈。佢大女呢就喺個公園度行嚟

行去，喺度等我哋。咁結果呢，一傾就傾咗成個半鐘。一方面問候下佢啦，另一方面同佢閒話家常，講返以前我哋喺生活上嘅一啲片段。

呢個失明嘅朋友我係點識嘅呢？係喺教會嘅活動識嘅，當時我係組長，佢就係其中一位組員。自此以後，佢都經常同我聯絡。後尾佢結婚，我都有幫手㗎！另外呢，佢之後就生咗兩個女一個仔，佢哋讀書都幾好。

 想介紹個女朋友我識

我睇住佢哋幾個仔女成長。試過一次，佢爸爸走失咗，當時我喺中學教書，佢大女打電話畀我：「你可唔可以叫啲學生一齊去幫手搵我爸爸啊？」我話：「好難喎咁樣，啲學生又唔識佢，點搵到妳爸爸呢？」終於喺醫院嗰度，畀佢啲鄰居啊，去探病嘅時候，見到佢爸爸。

又試過一次……你知道，每逢 2、3 月嘅時候，港督府啊或者係而家特首住嘅地方呢，係杜鵑花盛開嘅。佢居然約我去睇杜鵑花喎！我心諗，有無搞錯呀，你失明嗰喎，點睇杜鵑花啊？不過唔緊要啦，我同你一齊去，可能你想去感受下嗰度啲氣氛。然後一去到集合地點，原來佢係……所謂醉翁之意啊，原來佢有個女朋友想介紹我識！嗰次真係尷尬到我飛起啊……不過呢，嗰次真係好難忘。後尾我問返佢：「嗰個女朋友而家點啊？咩情況啊？」佢話：「過咗身啦，過咗身好耐啦。」

其實呢位失明朋友，都差唔多 72 歲啦，過去喺一間藥廠嗰度做接線生，後來又去幫人按摩。後尾年紀大了，體力不繼，就無再做啦。佢太太呢，都係失明人士，不過睇到少少嘅，所以好多時候行起路嚟都係太太喺前面帶佢行。佢三個仔女呢，都係健全嘅，視力好正常。

 ## 早知帶你去多幾次海洋公園

嗰日喺公園同佢傾咗一輪之後，佢個女呢就帶返佢返上去。因為疫情緣故，我都唔敢同佢去邊度，去食嘢呀咁樣，同埋知道佢胃癌都未必食到好多嘢。同佢傾偈嘅過程呢，睇到佢都係開心嘅。

佢返上去之後，佢二女好快就畀咗 WhatsApp 我，佢話：「叔叔，好多謝你呀，嚟探我爸爸，佢好開心！令我諗起以前你同我哋一齊去海洋公園玩海盜船，你攬住我，我哋就一路喊一路叫，又驚又開心。（應該唔係我攬住佢，唔知邊個攬住佢。）真係好難忘呀，多謝你喺我哋屋企所做嘅一切！」我聽到佢咁講，接到呢個 WhatsApp 我真係好開心。我回覆：「早知我帶你哋去多幾次海洋公園玩啦！」

其實呢個只係一個好小嘅片段，但令我覺得好開心，有機會同呢位朋友重聚。以後嘅日子，我可能都會繼續探望佢。我同呢家人嘅關係都係好難忘嘅，佢都畀我睇到如果能夠將愛同埋關心放喺個家庭裏面，都係一件好好、好有意思嘅事情。

今日同你分享咁多，多謝你！

慷慨小貼士

作家安東尼·聖修伯里筆下的小王子曾說：「只有用心才能看清一切，真正重要的東西用眼睛是看不見的。」那麼，就算我們失明了，還是可以感受到人的善意吧。

小聲友　青榕　**回應**

你哋應該識咗好耐，喺佢啲仔女好細嗰陣時，你經常帶佢哋去海洋公園玩。聽完之後我就決定咗，等以後我有朋友或者親人，佢哋生咗 BB 嘅話，喺佢哋細細個嗰陣時，6 歲或者 7 歲啦，我都會帶佢哋去海洋公園或者迪士尼玩。我希望佢哋由細就生活喺個充滿愛嘅環境當中，就算以後長大咗，20 幾歲 30 幾歲啦，都會記得細個嗰陣時：「噢！有個姐姐曾經帶過我去玩，給予我呢一份愛。」我覺得呢一點好重要，係啦，你都提醒咗我。

預付利是
大聲友：Shirley

當我見到「慷慨」呢兩個字，第一時間諗起嘅就係我奶奶。我奶奶即係我丈夫嘅媽媽啦，佢而家已經唔喺度，但我好記得佢在生嘅時候，有一樣嘢令我好深刻。譬如我哋有時去啲好普通嘅聚會，例如飲茶啊，或者同朋友食餐飯呀，或者有人嚟屋企食飯呀咁樣，我奶奶逢親見到小朋友，BB又好，啱啱識行嘅又好，都會畀一封利是佢哋。好多時呢啲小朋友都係第一次見啦，或者以後都未必會再見到佢哋，係朋友嘅朋友嘅小朋友啦，佢都一定會畀一封利是。

佢做呢件事，有兩樣嘢係我留意到嘅：第一呢，就係無論邊一個人嘅細路，佢都會對佢好好，見到都會畀一份見面禮，即一封利是；第二呢，原來佢個手袋，經常都準備咗一啲利是。平時我哋多數都係農曆年嘅時候，先會帶一啲利是呀，見到面派利是畀小朋友，但係佢呢就係隨時都準備咗。即對佢嚟講，係隨時都想見到小朋友，送一份小禮物畀佢哋。所以呢個「慷慨」呢，就令我即刻聯想到佢。

咁當然唔係話一定要金錢上付出，或者物質上付出先叫做慷慨。其實我覺得慷慨係一個愛嘅表現，可以無條件，不求回報咁給予，呢種慷慨係一個好高嘅境界。我問返自己啦，其實都好慚愧，認識奶奶咁多年，都學唔到好似佢咁樣。都希望我可以繼續努力啦，喺唔同嘅範疇，都可以付出一啲時間啊，或者我認識嘅嘢，可以發揮到慷慨嘅表現出嚟。

今次嘅時間差唔多啦，希望好快可以收到你嘅聲帶，聽到你嘅聲音，可以喺空氣中同你溝通。因為而家都仲有疫情，希望我哋可以平平安安，保護到自己，保護到家人。

年紀愈大，宛如年紀愈小一樣，容讓我們做些破格的事。好好利用這個社會潛規則，做些小事逗身邊人歡笑！

小聲友　銘熙　回應

聽到你講慷慨係愛，我真係好認同。慷慨真係好難，好似你奶奶咁，會帶利是喺身，會影響咗自己嘅生活習慣。擺一封利是喺袋度，看似好小事，但要恆常咁做，都幾難。但佢都願意做，不計回報，呢個一定係愛嚟嘅！你一定做到慷慨，因為聽到你把聲，覺得好溫柔，好有愛嘅能力。

為見你一面
大聲友：Ivy

　　今個月主題係「慷慨」，我揀最近做過嘅一件好事。我認識一對老夫婦，丈夫90幾歲，太太80幾歲，兒女都喺外國，香港冇乜親戚朋友。3月中，婆婆畀電話我，話丈夫入咗醫院，伯伯患有血癌，因為疫情關係所以冇得探病。頭兩日婆婆打電話畀伯伯手機，伯伯有聽，之後伯伯冇聽婆婆電話。婆婆好擔心，話伯伯好慘，醫院嗰度冇嘢食又冇水飲，好辛苦。

　　佢哋信耶穌嘅，所以兩個人都祈禱，希望天父快啲接伯伯返天家，唔使喺地上面受苦。婆婆話，叫醫生打一兩口針，等佢唔使咁辛苦。我話畀婆婆聽，香港係唔可以咁做嘅。我就聯絡院牧，可唔可以安排視像見面。院牧話可以向護士站提出恩恤安排，由佢陪同家屬去探伯伯。院牧好細心，教我點樣聯絡護士站嘅護士，同點樣講。

唔懼怕死亡

　　3月19號中午，婆婆收到醫院電話，話伯伯可能捱唔過今日。於是我陪同婆婆入病房探伯伯，我哋要著保護衣，戴上手套及頭套，入到病房婆婆即刻畀水伯伯飲啦，同伯伯傾偈啦。院牧好好，安排視像電話接通伯伯喺英國其中一個兒子，伯伯頭腦清醒但痛到講唔到嘢，只係兒子喺度講，伯伯係有反應嘅。我哋唱詩歌畀伯伯聽啦，又讀聖經，同埋為伯伯婆婆祈禱。伯伯知道自己會去天堂嗰度，唔懼怕死亡，因為婆婆話畀伯伯知，去到天堂嗰度唔

會有病，唔會冇嘢食、冇水飲，嗰度係好開心嘅，將來婆婆都會喺嗰度同伯伯相聚。後來婆婆離開醫院返到屋企，一入門口就收到醫院電話，話伯伯啱啱離開世界。伯伯個仔喺英國，唔能夠返嚟香港參加安息禮。喺安息禮中，都請服侍婆婆嘅姐姐錄影咗成個安息禮嘅流程，畀英國嘅兒子睇。

喺呢件事，我體會面對困難，需要主動行多一步，能夠讓婆婆喺伯伯離世前見到最後一面，甚至英國嘅仔都可以見到伯伯最後一面同埋傾偈，使到佢哋嘅心好過一啲，算係做咗件好事啦，同埋我都非常感謝大埔醫院院牧嘅安排。

人生難免跌入流淚谷，與人同行，世間便多添一份慷慨。

小聲友　阿普　回應

Ivy 婆婆你唔怕麻煩，同院牧安排咗一個視像會議，等伯伯可以同喺英國嘅仔見到一面。當然，睇返成件事，本身都要多謝醫院彈性安排，同埋院牧嘅協助。不過我覺得呢，Ivy 婆婆你更加叻啊，一個小小嘅、好心嘅舉動，可能你冇諗過，但成全佢哋一家。你可以看到婆婆想見到伯伯，呢個係婆婆嘅心願；而伯伯呢，亦都可以得到一個比較整全啲嘅葬禮。我覺得呢件事上面你做得好好！

時間友人
大聲友：慕潔

　　最近，我去睇一位親戚，係我堂姑姐，辦理一件喪事。事情係咁嘅，喺今年二月初，佢個丈夫過咗身，佢好徬徨呀，唔知點樣去處理丈夫嘅身後事。我打電話去問候安慰佢，佢同我講，辦理後事都需要一筆費用，感到吃力。佢都屬於生活貧困嘅，但事情總係要處理，讓逝去嘅人早日安息，未亡人可以盡快釋懷，好好地繼續生活。我同佢講，不如你搵醫院嘅社工幫下你呀。過咗兩日，堂姑姐講畀我聽，佢話：「若果醫院社工幫佢處理呢件事，佢嘅丈夫將會好孤單、好淒涼咁上路。」佢真係好唔想咁樣，好難過囉。

　　我其實完全唔識得點樣去辦理喪事㗎，以往屋企有至親離世，都係屋企其他成員去處理後事嘅，到時我就出席喪禮，就係咁樣㗎咋。

 為她不住打聽

　　呢件事令我記起，以前住喺我隔離有兩位婆婆，兩個都係獨身，冇結婚㗎。退休之前，佢哋喺港島一間天主教中學做校工；退休之後，佢哋兩個同住喺一間公屋，咁就成為咗我鄰居啦。佢地喺生活上互相照應，都生活得好充實㗎，得閒就去附近嘅長者中心學下嘢啦，玩下啦，做下運動，做下義工咁囉。佢哋都好開朗，好願意同人傾偈。其中一位婆婆較為健談，好鍾意講下佢以

前生活上一啲經歷畀我聽，喺當中都可以幫到我，令我獲益唔少。呢兩位婆婆都喺 3 年前，先後返咗天家啦。離世嘅時候，其中一位 96 歲，而另外一位係 100 歲添！佢哋從來未住過安老院，過身嗰陣都冇乜嘢痛苦，走得好安祥，我真係為佢哋感恩呀。遠親不如近鄰，佢哋嘅喪禮我都有出席，喺喪禮裏面我知道原來佢哋參加咗一項叫「後顧無憂」嘅計劃，所以佢哋生活得好喜樂，冇牽掛。

諗起呢件事，我就打電話去中心，問佢哋有乜嘢可以幫到我呢位堂姑姐。聽職員講呢個「後顧無憂」計劃係要喺生前申請，而且申請人係要好清楚知道，將來係唔會有家人幫佢哋處理身後事嘅。參與呢個計劃嘅人，之後嘅所有安排一早就已經安排好晒㗎啦。所以佢哋在生嘅時候都生活得好安樂，過身嘅時候亦都冇乜嘢牽掛。職員畀咗一啲資料，話可能會幫到我。於是，我打電話去東華三院詢問詳細情況，尋求幫助。

期間我陪伴堂姑姐去萬國殯儀館，前後 3 次。亦有陪伴佢去灣仔胡忠大廈領取死亡證，以及去食環署訂火化爐。事情由開始辦理，到 2 月尾整個喪禮完成，用咗大約 3 個星期時間。因為疫情關係不適宜聚集，但係呢個喪禮都有十幾位親戚朋友出席，過程都好順利。而家堂姑姐已經如常咁去生活，冇咩太多牽掛啦。

呢件事嘅整個過程係需要付出一啲時間嘅，我視佢為「慷慨」，可以嗎？

慷慨
小貼士

時間一旦花在別人身上，或會頓時化成一份禮物。

小聲友 Tina **回應**

聽完你嘅故事之後，覺得你個人真係好好呀，因為喺白事上面，好多人都會避之則吉啦，始終都唔係一件好事。你好主動咁去幫你嗰位親戚，令到佢唔會更加徬徨無助。其實佢喺嗰陣時真係好傷心，要處理身後事，又完全唔識，好大壓力。所以你出手相助，對於佢嚟講真係一個好大嘅陪伴啦。我明白嗰種「好需要人幫手，但係點解身邊一個人都冇」嘅感覺，冇人幫自己嘅感覺真係好孤單。你陪咗佢走一段人生好難走嘅路，呢個當然係一個「慷慨」啦。

真・靈異故事
大聲友：阿杏

　　小聲友你好，我選擇講一件慷慨嘅事。舊年嘅事啦，匪夷所思，可能你都唔會相信。我都算係個虔誠嘅拜佛人，我有個朋友，個女睇醫生睇極都唔好，都幾頭痕。我就話：「不如咁樣啦，你去問下神啦。」因為冇辦法，佢就聽我講。我帶咗佢去搵一個仙姑，有神上身嘅仙姑。唔知你相唔相信第二空間嗰啲嘅聯繫啦，仙姑問到我個朋友曾經流產兩個小朋友。

　　喺問米個過程，未出世嘅大仔上嚟先。佢界阿媽扼殺咗出世嘅權利，落咗胎，呢個大仔梗係怨啦。「點解你唔生我呢？點解唔要我？」佢阿媽就答：「當時條件唔許可，身體唔好，就選擇咗墮胎。唔好意思，對唔住呀。」

 點解唔要我？

　　個大仔離開咗仙姑嘅身體之後，就輪到出唔到世嘅女上嚟。突然間呢，個仙姑就一跳，整到把鉸剪（仙姑的道具，用來替流產的胎兒剪臍帶），把鉸剪喺半空中跌落個地下，整瀉咗盆水，整到一地都係！其實我都見過好多次啲咁嘅嘢，但我都界佢嚇咗一跳。個女上到嚟呢就好惡，好惡呢，怨氣好重，就話：「點解你唔要我呀！」我就問佢：「你係阿妹呀？」佢答：「係！」我話：「你唔好咁勞氣啦，你阿媽唔係想唔要你，而係因為身體唔好，對唔住啦！」佢依然怨氣沖天，鬧佢阿媽：「你唔要我，搞到我好淒涼！我想投胎又投唔到，撞到鍾意嘅人想婚嫁又唔得！我成

日打你打到周身骨痛你都唔知！你憐嘅！」咁我就問佢阿媽：「你係咪咁樣呀？係咪周身骨痛？」佢話：「係！」咁最後我就同個女講：「既然唔錯都錯咗，都係冇辦法喫啦，佢身體真係唔好，你原諒佢啦，仲要保佑你阿媽身體健康，平平安安。而家你要嘅嘢就燒啲金銀衣紙畀你啦，同你婚配啦。」個女後尾就話：「好啦，多謝你姨姨，如果唔係你，我到而家都未投胎呀，不見天日啊！」個女走時仲同我叩咗三個響頭。

個女走咗之後呢，仙姑就用一盆水同埋一盆米去做法事。佢用一塊紅色嘅布冚住嗰盆米，到最後嗰盆米好明顯分為兩個男女生殖器官，即係表示，一個男一個女。

喺呢件事上呢，咁我幫到一個朋友，同埋幫到一個異度空間嘅人。

隔咗半個月，我就同呢個朋友聯絡。我問：「你有病個女有無改善？」佢話：「有！個女從來都未試過同爸爸講，『爸爸你唔好成日鬧阿媽啦！對媽咪好啲啦！』」所以個阿媽心理上覺得不枉問米，雖然係洗咗錢，都叫做心安理得啦！

我慷慨咁幫到呢個朋友，自己都覺得好開心。你聽完唔信就當我講故仔啦，但我係虔誠嘅拜佛人，我係信有呢啲嘢嘅。因為呢，同我職業都係有啲關係，我本身都係賣香燭，聽一啲客人講得太多呢啲嘢，咁啲客人唔需要同我講大話啊係咪？佢又唔係賺錢。我聽得多呢啲嘢，我係信囉，信呢個世界係有第二個空間。呢啲就係，我自己個信念囉。

懷慨小貼士　為咗做好事，你可以去到幾盡？

小聲友 Victoria 回應

你好呀，香姨！好多謝你同我分享個故事，我都相信呢啲嘅，但係唔同版本，唔同嘅宗教。我都相信有第二個世界、有靈界呢啲！

奶白任務
大聲友：Sasa

我好慳家，一啲都唔慷慨。試過好窮，窮到連飯都冇得食。日日去借米，被睇唔起嘅感覺好難受。

經濟自主之後，我就好慷慨咁樣付出時間，去幫助有需要嘅人。而家疫情嚴重，所有活動都取消啦，難得留家嘅日子，就整理收拾亂葬崗，將多餘嘅嘢斷捨離，希望可以「慈善 Free」。就喺開始有苗頭嘅時候，收到一個朋友嘅緊急短訊：雀巢公司有大量 6 月到期嘅盒裝奶要盡快清貨，等人要，希望善用資源，唔好嘥咗啲嘢，亦都希望喺疫境之中能夠幫到冇飯食嘅人。但係復活節假期第一日所有機構都放假，星期一就截止申請。點樣去搞呢？真係頭都爆！第一時間諗起低下階層嘅人士。我不停咁樣講，希望搵到啲慈善機構，但係好多都話唔到事。有人就好多問題，有人就好懷疑，「點解會免費送？點解會有啲嘢送？」有啲人就以為係騙局，總之就問題多多。原來免費派畀人都係咁難，咁多限制。我不斷咁樣解釋，不斷咁樣打電話，不斷咁樣 WhatsApp，最終都搵到好多有心嘅人幫我完成呢個任務，好慷慨咁樣派咗幾萬盒。應該好多人都好受惠，幫到好多有需要嘅人。

之後啲營養產品呢，所有機構都收到啦，我放下心頭大石。有啲人覺得微不足道，甚至乎係傻，但係我覺得係值得嘅。而家我能夠慷慨嘅就係我嘅時間，希望以後我都能夠健健康康，可以繼續咁樣去幫人。我要繼續收拾我屋企嘅嘢，斷捨離啦，拜拜！

每一個人都可以化作一道橋樑,讓禮物順暢地由此岸送到彼岸。

小聲友 Hilton 回應

好佩服你喺過程中嘅努力,我相信都唔容易嘅。你當中都要有好多聯絡,好多人有問題啦,可能每個問題都差唔多,都係重複嘅,但你都忙住去回覆佢哋。答嘅嘢係一樣,要解釋好多「點解啲奶會免費派發啊?」、「點解啲奶會咁樣?」、「好多喎,點解嘅?」唔同嘅問題,相信你都遇到好多麻煩嘅地方,好佩服你當中嘅心啦。

跨代學習：慷慨篇

從前，在一個貧困的修院內，每逢臨近聖誕，慈祥的女院長總會在小小聖堂內的兩端擺設兩樣東西：一端是個盛滿禾稈草的木箱，另一端則是一張 BB 床。在這白雪皚皚的月份，院長作出了一個和暖的邀請，叮嚀小修女們多作仁愛行動，簡單如讓對方先行，多吃一口飯，或者口出恩言，說些造就人的話。每當修女如此做，就可悄悄地步入聖堂，從木箱拎一條禾稈草，再擺到另一端的 BB 床上，然後又悄悄地離開。

 院長心裡謀算什麼？

在寒冬裡，床本是冷冰冰的，但憑著一條又一條禾稈草，床就變得暖笠笠了。你還不知這張小床為誰而設？當然是耶穌寶寶，聖誕嘛！這位用另類方法慶祝聖誕的院長，其實你我都識，她就是德蘭修女了。一聽她的事蹟，讓人心裡即時傳來一道暖。

其實，小小的仁愛行動除了暖和人心，亦可仿如膠水把人們黏合起來。有人類學家說，當我們受了別人的恩惠，便會籠罩在一抹「蒙恩的影子」（shadow of indebtedness）裡，直至一天回報對方，才可不再被這影子覆蓋。慷慨猶如小小禮物，當我送了一份給你，你的內心或會產生一份虧欠，好比陷於一抹黑影，繼而意欲回饋一份給我。當一地的人都陷入這種心理，人與人的關係自然拉近，慢慢凝成為一個社群。這跟市場上的等價交換不同，各人各取所需，交易後大可老死不相往來。難怪，中國人說「禮

尚（即崇尚）往來」，若從凝聚社會這一角度考量，背後的確不
無道理。

　　小聲友阿普和銘熙都有類似的發現。在〈魔法字典〉的故事
裡，阿普憶述剛剛升中時的英文堂，當時老師突如其來的一個個
快測，假如身上沒有一本字典，根本無法答題。這位中一女生觀
察到，班上有一組同學經常在績分榜上倒數第一，了解過後，曉
得他們全組沒有一個擁有字典。於是，阿普慷慨地把家裡多出的
一本送出。事後回想，她感到此舉帶來「契機」，拉近了兩組人
的關係。而在〈愛在口罩鬧荒時〉，另一位小聲友銘熙則遇上一
個「超級恐怖」的大叔。恐怖，因為那位在遊戲機中心負責兌換
硬幣的人，臉上的口罩啡一塊黑一塊，明顯是重用又重用的結果。
當下，銘熙動了慈心，儘管當時市面一罩難求，他仍無私的送一
個簇新的給對方。好事過後，小聲友得出了以下一個領悟：

> 「我哋做好事嘅時候，真係可以聯繫到身邊嘅人。如果我淨
> 係顧我自己，淨係搶口罩畀我自己，唔同人分享，咁我一直
> 都冇辦法同嗰個叔叔聯繫到，同佢嘅關係就一直係唱散銀嘅
> 關係。經歷咗呢件事之後，我哋又可以傾多幾句偈，咁我成
> 個圈子又開始大啲啦，識多啲朋友仔。」

　　字典和口罩是有形的，但慷慨——或送禮——所呈現的模式
卻可以是無形的，例如時間，就可化成一份禮物。這在大聲友們

的故事表露無遺。4 位聲友都花時間在別人身上：阿龐探望失去聯絡多年的失明朋友；Ivy 陪伴老婦人前往醫院見臨終老伴最後一面；Sasa 在短時間內協調將幾萬盒快過食用限期的鮮奶免費派給基層街坊；以及香姨膽粗粗的透過「問米」幫朋友化解心結。另外值得一提的是，一個簡簡單單的點子或想法，亦可在仁愛行動中有分，就如 Ivy 介紹了「恩恤探訪安排」給友人。

讀畢至此，我們固然留意到聲友們一籃子樂善好施的行為，但在表象背後，更可窺見更深層次的東西——一種友善的性情。在美國舉足輕重的神學家 Stanley Hauerwas 曾對「慷慨」這個美德作出精闢的解讀：

「慷慨乃是擁有友善的性向——無論是對人生，或對具體的他者。慷慨，就是樂意款待他人，隨時隨地與他人分享自己的人生——而且更重要的，是同時喜歡他人與自己分享他們的人生。這其實不容易做到，因為對他者（哪怕這『他者』是妹妹，是父母，是配偶）友善這件事，其實對『自我』及『慷慨』的觀念，是很大的挑戰。」

就如本文在開端提出，仁愛行動可以凝聚彼此，但這同時意味施予的人亦要敞開自己的生命，願意冒險認識他者。所以，Hauerwas 說，慷慨是個挑戰，需要一份勇氣扶持。小聲友銘熙的送口罩行動即時彈出我們的腦袋。他當然曉得，給了那位大叔一個好意，今後他倆便不再僅僅停留在純粹兌換貨幣的關係，而是後者將會進入他朋友圈中的其中一員。同樣，大聲友 Shirley 的外母亦放膽開放自己的生命，每每在手袋預備紅封包，每逢遇上小

朋友就立時派出。這樣示好和祝福，充分反映了一顆隨時願意接待小朋友的心。

除了勇氣，Hauerwas 亦指慷慨的人也具備同理心。他說：「我可以斷言，同理心是慷慨所發生的結果。有同理心的人不一定慷慨，不過慷慨的人很可能具備同理心。慷慨的人有這樣的能力：可以向他者付出自己，毋須計算自己會從中得到甚麼回報。」

竭力塑造自己成為慷慨的族類吧。聲友回應今個主題的時候（2020 年 4 月），正值新冠病毒肆虐初期，全城出現浪接浪的搶購潮，超級市場購物架上被掃得空空如也的畫面，相信你也記憶猶新吧。就在人們不住囤積物資的時候，坊間開始流傳一句「相分有餘」的話。此話源自日本詩人相田光男的名句「相爭就不足，相分就有餘」。也許，只有當一個人自覺寬裕，才可鬆開自己的手與人分享。相反，當人感到不夠，自然握緊雙手保住所有。敢於慷慨，等於相信自己並非身處被「匱乏」籠罩的世界。結尾就用 Hauerwas 的說話互勉：「許多慷慨的人在栽培你的生命，你就效法他們吧，不用害怕。」

五月：

願望

打拳有拳王，捉棋有棋王，識煮識食有美味大王，追夢的又有否夢想王？大概您會皺眉，覺得這個問題乍聽有點格格不入。當然，夢想可大可小，大至當上總統；小至綠豆似的大，僅僅盼望至親來個電話。但在夢想的國度，願望無分大小，只要做夢做得真誠，總會教人動容。電影《不老騎士》記錄台灣一班耆英，騎著摩托車完成環島遊的小小夢想。其中一位是個廿年前喪偶的八旬老翁，他在車前放上老伴一幀照片，伴他一起走過整段旅程。原來，他倆年輕時每年都環台一次，有次更加打趣，倘若 80 歲時依然在生，定會載她繼續踏上征途。他在亡妻的墓前詢問她的意向，並以擲銀決定，一看結果，不禁喜極而泣，誓要再次攜她上路。

對，追夢是為有情的人而設。聲友，您也說說自己的故事吧。

請選擇 A 或 B 作 5 分鐘的回應。

選項 A

選項 B

以下不同的話，你想從誰人口中說出來（請詳述原因）：
「我愛你。」
「我支持你。」
「我欣賞你。」
「我掛住你。」
「我信得過你。」

你有什麼夢想？

為世界修好
千分之一秒的時差
小聲友：Hilton

今次個主題係「願望」，有兩個題目，我揀咗「我的夢想」。呢個可能係一個比較長嘅故仔，因為平時人哋分享夢想，可能都係分享一個。但我分享嘅唔止一個，因為我好細個開始就已經有唔同夢想。

喺最細個嘅時候，我同媽咪講話想做護士。但係呢，我媽咪就話：「做醫生好啲喎！」咁我就同媽咪講：「好啦，咁我就去做醫生啦！」大多少少，就想做老師了，因為覺得老師教書真係好犀利，可以將自己學識嘅嘢傳授畀人哋。

再大多少少，我就睇咗套卡通片，係講馬戲團，裏面嘅「空中飛人」，同埋各式各樣嘅表演呢，都令我覺得好犀利、好想學！嗰陣時已經讀中學，我同我屋企人講，我想做馬戲團。呢個夢想持續大概年幾兩年，都唔係一個玩玩下嘅夢想嚟㗎。但係呢，後尾就聽到我媽咪講，「香港係冇馬戲團嘅。」咁我就放棄咗啦，因為始終覺得，離鄉別井真係好大嘅挑戰。

後尾，我又睇咗一套卡通片啦，係做糕點師嘅，我覺得「好犀利呀佢哋！」就算女主角開頭唔識煮嘢食，但去到後面居然可以贏到一啲美食比賽！我覺得佢哋真係好有勇氣，好堅持去實現自己嘅夢想。但係我呢，係一個連廚房都炸得開嘅人⋯⋯呢個夢

想喺我心目中維持咗大概一年左右就已經冇咗啦，因為我連三餐都未煮得到，就更加唔好提做糕點啦。

就算改變少少，結局或會更好

之後中學畢業，我就同自己講：「嗯，不如走去做個社工啦。」始終又冇咩特別愛好，到去高中，都有各式各樣嘅性格測試啊、職業導向啊等等。當中呢，都有講到我嘅性格比較適合去做一啲對人嘅職業，包括老師啊、社工啊咁樣。後尾呢，我就揀咗社工。我都好記得自己係好認真、好想好想好想去做社工嘅，嗰種心態好似係非社工不可。

至於理想的話，我而家嘅應該係：希望可以盡一點好小好小嘅力量，嘗試去改變少少。因為一路讀社工嘅時候都會發現，其實有啲嘢，你唔需要有好大改變，都可以令一啲嘢唔同咗。可能你只係將嗰枝秒針較慢咗 0.0001 秒，佢嘅時間就準咗啦！其實只需要有好小嘅改變，最尾嘅結局可能就會變成更加好。

一個人對住一個世界、一個社會，其實好渺小。但我相信去到最後，可以做到嘅嘢可能好多，唔一定要名留青史，好似莫札特呀、愛因斯坦呀，好有名嘅一啲科學家啊、心理學家啊等等。我相信儘管你做好少嘅嘢，影響咗好小，就算你唔名留青史，都唔係重要嘅地方。

夢想的疆界可以宛如地球似的大，也可只有一個角落這般渺小。只有小數人可以成就大事，不過所有人都可 —— 正如德蘭修女所言 —— 懷著大愛做小事。

大聲友 Sasa  **回應**

聽完你嘅夢想，都覺得你有好大嘅轉變，係唔簡單嘅心路歷程。你父母嘅期望都非常之高，但都好配合你嘅志趣，你都係一個好幸運嘅人。而家有職業性格導向分析，我都覺得你會係一個好好嘅社工，應該朝著呢個方向去努力。我哋雖然做唔到世界和平，但係至少唔好遺害社會，要保持初心，堅持，你一定會做到嘅！

冰封 12 年
大聲友：慕潔

我個願望係，同我個仔可以傾到偈。

佢今年 28 歲，同我同家姐一齊生活，我同佢已經超過 12 年冇坐低好好咁傾談過。喺佢 16 歲嗰一年，剛剛升上中五，佢喺學校裏面做咗啲怪異行為——喺學校嘅洗手間點著咗火，燃燒咗疊報紙。火灰嘅殘餘只係好少，應該係佢一見到著火呢，好快就整熄咗啲火種。經過調查，知道呢係阿仔所為，佢亦都承認係佢做。佢話升中五之前嘅暑假，上網睇咗一部影片，係關於希特拉嘅，之後時時都失眠，頭腦裏面時時都有一陣陣嘅閃光。佢話，自己都唔知點解會喺洗手間嗰度點火。喺學校佢係一名好學生嚟嘅，操行優良，成績中上。同學話佢好有風度，做事亦都好主動。學校冇懲罰佢，反而好關心佢嘅情緒係咪出咗問題。學校好積極同我聯絡，了解佢喺屋企嘅情況。

社工叫我唔好問咁多

見咗醫生之後，佢被證實患上咗抑鬱症。原因可能係嚟緊中五會考，阿仔擔心成績唔理想嘅話，升唔到上預科，就上唔到大學。學校嘅社工同我聯絡，傾談阿仔嘅情況。社工話，阿仔而家同班裏面嘅一個女孩子拍拖，嗰個女仔係好乖、好文靜，知道自己嘅方向，有人生目標㗎。佢哋真係溫習，因為社工都同嗰個女孩子嘅家長傾過偈，知道嗰個女仔真係喜歡阿仔，同埋好想同阿仔一齊溫習，互相鼓勵，一齊應付會考。社工同我講，佢話：「媽

媽，你唔好問阿仔拍拖嘅事，你當唔知就得。唔好打擾佢，唔好打壓佢。如果佢知道喺我把口度講畀你聽嘅話，佢以後都唔會同我講心事。」

同時社工都叫我唔好催逼阿仔溫習。中五整個學期，佢都同個女孩子一齊溫習，兩個人會考出嚟嘅成績都幾好喎。阿仔順利咁升原校，讀預科。個女孩子呢，就去咗另外一間學校，讀佢更加心儀嘅科目。經過呢一年，佢哋亦都分開咗啦。

自從 12 年前，剛升上中五嗰年，佢患上抑鬱症，我都好徬徨、好難受呀！社工又叫我唔好問阿仔咁多嘢，我就沉默咁樣同佢相處囉。唔知係咪已經成為咗習慣，導致我哋今日互相唔傾談。阿仔食咗兩年抑鬱症藥，聽專家講佢過咗 26 歲，冇事冇復發，呢個抑鬱症就算係完全好返。而家佢已經 28 歲啦，脾氣有時係大一啲，但好多時都係沉默，唔出聲。完成咗學位課程之後，已經工作咗大約 5 年啦，而家從事酒店行業。疫情已經持續咗幾個月，之前又有社會運動，雖然期間佢都休息多咗，但仍然係有工作在身。自從中五之後，同嗰個女孩子分開咗，至到而家，佢都有經歷兩三段感情。而家佢係有拍拖嘅，但唔畀我知道，或者怕我囉嗦啦。我亦都冇問佢，因為完全入唔到佢嘅內心世界，我但願佢對感情尊重啦。

我仍然係存有盼望，總有一日，我同阿仔可以傾到偈，呢個亦都係我最大嘅願望。

願望小貼士

假如世界不似預期，缺少了一點真善美，我們仍可堅持下去，等待、信望愛終有一天得勝。

小聲友　Tina　回應

Hello 慕潔你好！千祈唔好灰心呀，男仔始終比較難去表達感情，尤其對住媽咪，我細個都係咁。我覺得你個仔好幸運，有你呢個媽咪，12 年嚟一直不離不棄。如果畀著我，都冇咁嘅耐性，對住一個唔係好同我傾計嘅人，繼續畀好多關懷同愛。當年你阿仔有抑鬱，好彩得你同個社工，同女朋友嘅理解。冇你哋，佢都冇咁快可以走出呢個病。其實我細佬都係咁，平時唔係好理我哋，通常都係打機。佢以前拍拖都冇同我哋講。所以，希望你同囝囝可以有一個關係上面嘅突破啦。

不求加，但求不減
大聲友：譚生

　　喺講本個月嘅主題「願望」之前，我想分享個經歷同埋感受先。話說喺一個月之前，有一日我喺屋企坐，冇嘢嘅，突然間打咗個乞嚏，又唔係傷風嗰啲，可能係鼻敏感嗰啲啦。咁呢個乞嚏都幾大嘅，之後就發現我左腳呢有好劇烈嘅痛，摸落去甚至麻咗添，行一兩步都唔係好掂，最後要靠人推輪椅載我出去。初初呢，就搵一個中醫，針灸啦，以為拉傷咗肌肉呀，或者筋骨嘅事。後來發覺都冇乜效，迫住要去睇骨科嘅專科，做埋磁力共振，原來係個椎間盤出咗事，啲軟組織壓住神經線。最後就做咗4個鐘頭手術，全身麻醉。咁都幾神奇下，做完之後都落到床，可以行得到幾遠嘅行程。但都係痛，同埋有時上樓梯都無力，咁而家就喺康復之中。

 一個乞嚏，突然要坐輪椅

　　我發覺呢，原來生命都幾脆弱㗎。本來我一向都，叫做咁嘅年紀，其實做嘅運動都唔少，每個禮拜都行山啦打網球啦，真係12個鐘㗎——點知咁一個乞嚏就可以使到我行唔到路，處處都要依賴別人。

　　呢個經歷或者衝擊，真係使到我反思。其實年青人嘅願望，往往係想得到，或者係得多啲；而年長者嘅願望，係唔想失，或者係失少啲。

回想我青年嘅時候，我啲願望多數係咩呢？絕大部分係想攞啲未能夠擁有嘅嘢，可能係名牌波鞋呀、運動 T-Shirt 呀、電子產品呀、iPad、iPhone 呀，以至到大學學位呀等等。其次呢，就係想重新經歷一啲開心嘅感受，例如食餐好嘅，豪下佢；又或者係睡眠不足，瞓餐飽嘅，瞓夠 24 小時；又或者再浪漫啲，搵女朋友啦，去度過一個浪漫嘅晚上等等。年青人啲願望，好多時候係啲希望嚟嘅，預算咗明天會更好。因此嚟講，有動力，有途徑，只要努力，可能就會達成自己個願望。好多時個願望呢，都係想攞多啲，或者係想攞到，大部分都係積極而進取嘅。反之，年長者，人大咗啦，我問自己，「你有啲咩願望呀？」其實大部分時間可能真係講唔出，唔係好似後生嘅時候，可以衝口而出。唔知係咪已經擁有得唔少啦，又或者係你想獲得嘅相對容易，一早買咗。亦都可能有啲係買唔起嘅，代價太高，諗都唔諗。所以嚟講呢，我覺得年長嘅，佢哋諗嘢呢，唔係想獲得多啲。

但願明天唔會更差

經過今次嘅意外，我突然間發覺，原來最驚係乜嘢呢？最驚係失去一啲基本嘅能力，本來有嘅，突然間冇咗，要靠其他人。其實人年紀大咗，身體梗係會越來越差，外貌咁先算啦，皮膚鬆弛呀、出現皺紋呀、肌肉流失呀、骨質疏鬆呀、身體機能退化呀、頭髮同埋啲牙齒脫落呀、記憶力差呀、甚至老人癡呆又有、病痛纏身呀、行動不便呀……整下整下連自理嘅能力都唔得。所以嚟講，年長者佢哋嘅願望，可能盼望嘅唔係「明天會更好」，只要「明天唔會比今天差」，其實就心滿意足啦。我個印象就係，長者願望可能偏向係保留——唔想失去，不求得，只求不失。

我諗你明白我講嘅意思啦，其實你估唔估到我而家個願望係咩呢？試下估下，下次我幫你開估。祝你願望成真！

 夢想猶如一位嚮導，可大大拉闊一個人的眼界。忽然一天，他引領我們回到起點，然後告訴我們，大家心底所渴求的，原來早在出發時經已擁有。

小聲友　John　回應

你椎間盤出現痛症，呢段期間一定好唔適應，希望個痛會慢慢舒緩落嚟，都加油呀，雖然呢個復原過程唔容易。你有個感悟，講到「不求得，只求不失」呢個諗法，我聽完後都有反思。我認同你講一樣嘢，年輕人不知不覺間一味追求好多嘢，一啲好物質嘅，或者一啲好遠大嘅，好似咩都係關於攞。當我諗到呢度，就會諗其實我哋係咪需要靜落嚟，回顧過去一啲經歷，多啲感恩，少啲埋怨，可能會令自己開心啲。

全身都是嘴巴
大聲友：Shirley

今次個題目，有一個選項 A，就話「以下不同的話你想從誰人口中說出來」，有「我愛你」啦、「我支持你」、「我欣賞你」、「我掛住你」、「我信得過你」。我呢就想從我自己口裏面講出嚟，因為對於我，呢啲係一啲好鼓勵性、好正面嘅說話。我希望可以遇到咁嘅情況，有咁嘅能力，可以講呢啲說話出嚟。即係能夠有個機會，令到我同人講話「我支持你」、「我信得過你」、「我愛你」，都係生命入面一個好美好嘅時候。

咁仲有，我講呢句說話，可以係講畀自己聽。如果可以自己講畀自己聽，即係話我遇到困難嘅時候，其實我自己本身可以有一個力量支持到自己。如果我講畀人聽嘅時候，亦都係我覺得我有足夠嘅能量，可以同人哋分享，呢一份其實都可以叫做係愛啦。

呢幾句唔同嘅說話，我覺得都有一個共通之處——都係畀一啲好正面嘅能量畀對方。我就覺得，初初嘅時候，好似唔係幾好意思呀，都需要一啲膽量，又或者覺得好肉麻咁。但係調返轉頭諗，譬如自己聽到人哋咁樣同自己講，話「我好欣賞你呀」，其實自己都會好開心。所以我就諗，如果我同人哋可以講咁樣嘅說話，對方都會鍾意，或者可能鼓勵到佢。咁所以呢，我而家比較多啲講話「我掛住你呀」咁，對住朋友，或者屋企人呀，我都會咁樣講。

口講難，用行動做出嚟

另外呢，如果個口裏好難講出嚟，其實可以用行動嚟做。我媽媽今年已經 96 歲，老人癡呆咗好多年啦，見到我哋嘅仔女，都叫唔到名，因為佢唔認得，但係從佢嘅眼神睇得出，佢知道我哋係佢親人，一啲對佢好嘅人。我媽媽開初老人癡呆，到而家都差唔多七八年，我嗰陣時就覺得，佢年紀好大，配偶又唔喺度，其實係比較少一啲身體接觸。所以我每一次，睇完我媽媽，走嘅時候，都會攬下佢啊，或者錫佢一啖。對中國人嚟講，尤其是我哋以前古老啲嘅人，比較少啲咁樣做。但我發覺咁樣做之後，媽媽好開心，每一次都笑嘅。我自己覺得係好開心，同佢有一個擁抱。呢啲唔係用言語表達，係用行為啦。

我自己想帶出一樣呢就係，有時呢啲說話，好似唔係咁容易講出口，其實我哋可以用一個非語言嘅表達方式㗎。

你自己願意聽到的，不時也是對方期望聽進耳的。你可以成為一道力量，在別人尋夢的路上加一分力氣。

我都好認同，行動係一種鼓勵。記得有次我喺西貢學結他，然後表演，都喺西貢。對於住市中心嘅人嚟講，西貢都好遠，但嗰次都有啲朋友特登搭好遠車嚟，為咗睇我表演嗰幾分鐘。雖然呢啲行動，坦白講，可能真係好少事，但你會見到佢哋嗰種付出，好感動，個心意比行動更加大！近排我都有個例子，我冇工返，有個 friend 開小食舖，佢直接同我講去做兼職。呢啲事令我明白，即使幫助唔係好大，都會畀到人好好嘅鼓勵。

愛之語
小聲友：Tina

今次我想分享嘅係「5句說話分別想從邊個人口中講出嚟？」第一句係「我愛你」，我會揀我男朋友啦。點解？可能係由細到大都比較缺愛嘅關係，好細個就已經尋求一啲愛同關懷。可能屋企人嘅傳統思想啊，或者更加係因為我排第二，上面有個家姐、下面有個細佬，即係分薄咗好多愛，變咗我就會將啲感情放喺外面嘅世界多啲啦。

第二句係「我支持你」，我希望喺我身邊嘅朋友講出嚟。我個人比較傳統一啲，都係「報喜不報憂」，會好收埋自己。點解會咁樣呢？我會覺得就算我講出嚟，都冇人會幫到我、支持我㗎喇，所以就好慣性咁將自己嘅嘢收埋。如果我聽到我嘅朋友，同我講話「我支持你」，對我嚟講係一句好感動嘅說話囉，係一件好難得嘅事。

🔩 聽完呢句說話，我個心會定啲

第三句係「我欣賞你」，我希望喺我老細口中出現啦。雖然而家冇返工，係將來嘅老細。點解？大家做嘢，都想個老細欣賞自己做嘢嘅方式，或者行事啦。好似我以前做嘢咁，當我老細同我講「嗯，我好欣賞你」，我個心好似會定啲。聽完呢句說話，就算知道佢講嘅可能係敷衍我啦，但我都會受到好大嘅鼓舞，做嘢會穩定啲，冇咁驚呀。

咁第四句係「我掛住你」，我想喺我啲好舊嘅朋友口中聽到。講真，都做咗咁多年人啦，始終有識咗好耐嘅朋友，即係當年好friend，但係突然之間又因為某啲事冇再傾偈。我都有嘅，有兩個，當年好friend，我開唔開心佢都一定會陪我。即係真係唔開心，基本上我同佢講：「我好唔開心呀，出嚟。」跟住佢就會話：「哦，得啦，隨你啦。」真係好friend，但係因為某啲事，上年之後就冇再聯絡。跟住突然之間去到我生日左右，就有傾返偈，不過都係有啲隔膜。生日出嚟見到佢嘅時候……唉……有一種好傷心嘅感覺，好想同佢講，亦都好想佢講畀我聽。因為大家都識咗好多年，我諗由中四開始識佢，到今時今日。

　　第五句係「我信得過你」，就係我屋企人啦，特別係我媽咪，不過我屋企人都OK喫。我媽咪唔係好信人，尤其對住我哋三隻嘢。如果佢信任我，以佢嘅作風嚟講，信得過我係愛嘅表現。喺我記憶入面，佢好少肯定我，做乜嘢都係爭啲嘅，「你唔好嚟喇」、「我嚟啦」嗰啲呢。所以對我嚟講，如果係我屋企人，尤其是我阿媽，同我講「我信得過你」，呢個我認為係愛嘅表現。

　　今日分享嘅係咁多，好期待下次收到你嘅錄音。

願望
小貼士

有時一句說話，便可滿足別人心裡的渴
求。

大聲友　慕潔　**回應**

Tina，聽到你講 5 句說話想從邊個口中講出嚟，
感覺你係一個感情好豐富嘅人，你真係好重視家人
同朋友！喺工作方面，你希望得到上司欣賞，令到
做起事嚟更有信心。咁亦都證明，你做事好有責任
心！因為愛錫兒女，媽咪好多時咩都唔願放手，自
己做埋。Tina，你嘗試將自己做得到、做得好嘅
事情，溫和咁同佢講，話：「媽咪呀，你睇，我得
㗎！」我諗，你媽咪就會漸漸同你講：「得啦得啦，
我信得過你啦！」

不再向星星許願
小聲友：青榕

　　今個月嘅主題，我揀咗「我有什麼夢想」。我揀呢條題目之前，有審過題目嘅，我就喺度諗：「其實出題目嗰個人，可能冇諗過呢個世界上有人係冇夢想。」我睇到條題目，就諗：「咦，究竟我有咩夢想呢？」霎時之間，我真係諗唔到。但係應該唔會㗎喎，我細個嗰陣時有寫過一篇文章，叫做「我的夢想」、「我的志願」之類嘅嘢吖嘛！點解而家諗唔返轉頭嘅？我可以好肯定嘅就係，我細個嗰陣時根本就係冇夢想，但係被逼住寫，就寫咗啲我而家都唔會記得嘅夢想出嚟啦。

　　點解我揀咗呢條題目呢？因為可以講故仔，講一個「點解我冇咗夢想」嘅故仔。

　　其實我 20 歲之前呢……應該講話喺我 20 歲生日嗰陣，就唔會再許任何嘅生日願望。我嘅生日願望，其實嚟嚟去去都係嗰幾樣嘢啫，都係家人嘅身體健健康康呀、生活愉快呀，都係啲美好祝福啦，美好願景呀。咁點解呢段時間唔會再許願望？係因為我 20 歲嗰年，啱啱好我阿爸就因為癌症而去世。嗰時我就覺得成個畫面好諷刺，年年嘅願望都係希望我屋企人可以身體健康，但係去到現實，屋企人嘅身體……唉，其實我都知，隨著年齡嘅增長，人嘅身體係會慢慢、慢慢變得唔係幾好。

都係因為呢件事，令我明白到，其實許啲願望去到最後都冇咩用囉。從此之後，我就冇咩願望許啦。或者係，我冇咗擁有夢想嘅呢一件事。都⋯⋯係啦⋯⋯

想跟爸爸調換角色

我又諗返轉頭，如果我真係有一個發夢嘅機會，我希望自己可以做到乜嘢？我諗我應該會喺爸爸未發病之前啦，因為我哋發現嗰陣時，爸爸已經去到末期，嗰陣時爸爸走得好快，我哋9月份知，爸爸11月就已經走咗。所以我哋都冇畀阿爸⋯⋯其實阿爸都冇接受治療。阿爸都係咁認為啦，我哋都係咁樣認為，唔希望佢老嚟仲要咁辛苦啦，接受啲電療嘅副作用，令到佢一直喺度嘔。唔希望見到阿爸咁辛苦啦，阿爸都唔希望咁辛苦，所以我哋最後都冇話要醫治，就畀佢安詳咁走咗啦。

係啦，如果我有一個願望嘅話，即係完成到一件做唔到嘅嘢嘅話呢⋯⋯我希望喺阿爸未發病之前，多啲陪伴阿爸。因為我發覺呢樣嘢係真㗎，人唔到失去嗰下呢，唔會發覺到自己以前擁有嘅嘢有幾咁美好。其實都要講返，阿爸發病嗰陣時，我哋屋企人對佢嘅陪伴都唔係好多，因為阿哥要返工，而我都要返學啦，而阿爸嗰陣時已經算係個半退休人士，留喺屋企又冇嘢做。佢又唔知有咩休閒嘅事情會令到佢分散下注意力，所以佢可能有好多時都會感覺到孤單，或者孤獨呀，但我哋啲細嘅又冇察覺到囉。

我希望……如果我有機會嘅話，我希望將我同阿爸嘅角色去調轉，由以前細個嗰陣時，阿爸成日帶我去公園仔玩呀，去遊樂場所玩機動遊戲啊，變成我帶住阿爸周圍去，喺成個新界、九龍、香港島嗰邊行嚟行去呀，去行下山都好呀。花多啲時間去陪伴佢囉，而唔係……因為以前成日都覺得有好多時間，因為而家香港嘅人均壽命都好長，但係諗唔到，阿爸係因為一個意外……希望……係囉。

　　我有個夢想就係：希望……如果我仲有機會嘅話就多啲陪阿爸，即係喺佢患病之前嘅嗰段時間，都係好幸福嘅，令佢感受到有好多人愛佢、關心佢、關懷佢，佢唔係自己一個嘅。係啦，就係咁多。

當願望無法兌現，遺留下來的可以是個遺憾，但也可以熬煉我們成為更好的人。

我媽媽離開嘅時候，我都有類似嘅內疚 ——「點解我冇幫佢搵到一個合適嘅醫生，令佢嗰個癌病復發可以早啲發現呢？」我估喺香港生活，我哋都非常忙碌，有陣時真係唔係咁多時間顧及到身邊嘅親人。我哋真係好容易代入呢種內疚，同埋呢啲傷痛裏面。其實都唔容易處理，除咗思念之外，或者有一個建議，唔知道你覺得點樣：係咪真係可以提醒返我哋自己，多啲去留意身邊嘅家人啦、老人家啦，喺佢哋仲在生嘅時候，多啲陪伴佢哋。呢個係我哋都仲可以做嘅事情。

跨代學習：願望篇

　　談到夢想，本地最常被引述的話，大概是影星周星馳一句對白：「做人如果無夢想，同條鹹魚有咩分別呀？」外國亦有人話，死魚只會隨波逐流，只有活生生的魚才會逆流而上。換另一角度看，假如夢想關乎追尋一個目標，不善追夢的人，是否等於一個迷失了的「活死人」？

　　我們試從聲友們的分享摸出一點端倪。

　　先說小聲友 Hilton。她年輕時的夢想一變再變，大多受到大眾媒介影響所致。Hilton 想過當空中飛人和糕點師，兩個職業皆由卡通片啟發而來。此刻，若要形容她最大的願望，似乎離不開「貢獻社會」四個字。Hilton 不會輕看每一個微小的行動，社會於她猶如一個時鐘，要是當中出現時差，要是自己只能為它調好萬分之一秒，她也想略盡綿力。

　　小聲友年紀仍輕，不過終極所關懷的事，重心不在自己而在別人。這點呼應了心理學家 Abraham Maslow 在晚年修正了的「需求層次理論」。他說，人的終極需要不在於「自我實現」（self-actualization），而在於「自我超越」（self-transcendence）。所謂超越，即跳出自我框框，擁抱身邊的人。Hilton 留給我們一個洞見，就是人的願望可以跟自肥計劃無關，而是只想對方好過一點便可了。

人老去，願望又會否不同？以下就談談兩位大聲友的故事。自兒子在中五患上抑鬱後，慕潔已有 12 年沒跟他好好溝通過一次。這位媽媽不明所以，為何母子之間竟然築起了一道圍牆。她的願望十分渺小，只願與囝囝再次打開話匣子便可了。至於另一位大聲友譚生，則在打完一個噴嚏過後，幾乎弄致半身不遂。他萬萬估不到，平日酷愛運動的他，身體狀況可以急轉直下，左腳劇痛非常，連行一兩步也不成，最終得靠輪椅送入醫院，動了 4 小時手術才治好神經線問題。這次經歷給他留下深刻的體會，頓覺人年紀越大，所求的或許不是「明天會更好」，而是「明天不會更差」。套用譚生的話，即「不求得，只求不失」。

乍聽來，兩位大聲友的願望只有綠豆似的大，亦即卑微得很。不是麼？慕潔渴望融洽的關係，譚生僅僅冀望健康的體魄別要匆匆流逝，對於大部分人而言，兩樣東西平凡得唾手可得。但再細想一下，他們的願望看似簡單，委實殊不簡單。不簡單，因為大多數人並不察覺，這些「基本的」事情，其實經已足夠成為幸福的條件。就在當下，原來我們經已踏足在不少人所奢望的願景當中！

然而，假如心裡的所想所求一直未能如願——猶如慕潔陷入的處境——一個人如何走下去呢？或許，我們需要一點燃料補給，好讓自己有力氣續航，由現實的此岸邁向夢想的彼岸。其中

一種燃料來自話語，就如今個主題問題選項 A 是由著名婚姻治療師 Gary Chapman（《愛之語》一書的作者）借來的 5 句說話：「我愛你」、「我支持你」、「我欣賞你」、「我掛住你」，以及「我信得過你」。大聲友 Shirley 認為，以上的話滿帶力量，除了可以用來鼓勵人，亦不妨說給自己聽聽。她說：「如果可以講畀自己聽，即係話我遇到困難嘅時候，其實我自己本身都可以有一個力量支持到自己。」套用小聲友 Tina 的說法，聽到後「個心會定啲」。

另一個有關願望的挑戰，在於所願的事註定泡湯，儼如小聲友青榕遇上的情況。在她 20 歲那年，父親罹患癌症離世。此刻的她若要發夢，只想回到從前，跟爸爸調換角色，像他舊時攜她小手往遊樂場一樣，多花時間陪他四處逛逛。只是，念茲在茲的人經已陰陽永隔，這道現實與理想之間的鴻溝肯定無法搭橋。今天，青榕的眼淚仍未流乾，如果你在她的身旁，又會如何安慰？

大聲友阿龐嘗試牽她走出內疚的陰霾，輕柔的留下一個寄語：「我哋可以提醒返自己，真係多啲留意身邊嘅家人啦、老人家啦，喺佢哋在生嘅時候，多啲去陪伴佢哋。」

好夢有時真的十分難圓，難免使人洩氣，但我們亦可不被這個挫敗打垮，反倒激勵自己成為一個更好的人。所愛的人與事不復存在？我們喘息過後，大可拉闊所愛，珍視和擁抱更多人與事。假如人的夢想與追名逐利無關，而是在世間追求多一點仁愛、喜樂以及和平，這些東西其實早已藏在我們心裡，我們當作的是好好在內心耕耘它們。廿多年前，台灣曾經發起一個「三好運動」，

即「說好話、做好事、存好心」，我們不妨也在生活裡實踐，或
許你會漸漸察覺，原來自己夢寐以求的，早已在當下實現了！

六月：

愛情

愛一個人必須從心出發。不信？試試從「愛」字中間抽掉個「心」，餘下的「受」字即時缺乏了一點情感。「可以當我的女朋友嗎？」你曾鼓起勇氣地問，當時的心如小鹿亂撞砰砰地跳。這份心跳回憶，教人牢牢不忘。婚後，「愛」的含意產生了微妙的變化。有一天你突然發現，當枕邊人在半夜從暖笠笠的被窩抽身下床，主動替寶寶換尿片，你會打從心底讚他是個好老公！然後再過半個世紀，所有的承諾早已無關重要，因為婚盟上的一切，似乎已經一一兌現。此刻，凝視雙鬢斑白的老伴，「愛情」二字又添上了別一樣的意思。

請選擇A、B或C作5分鐘的回應。

選項 A　怎樣認識現在的另一半？

選項 B　談談人生最浪漫的一刻。

選項 C　（給小聲友）
介紹一對模範夫妻／形容一下
你心目中的理想伴侶。

戀戀雞湯
大聲友：Terry

　　我點認識我另一半？我哋喺神學院認識。神學院呢，就係訓練傳道人，同埋牧師嘅地方，畢業之後就會喺教會做傳道人，或者喺基督教機構做嘢。當年讀神學，係喺神學院寄宿嘅，我哋一齊生活：食早餐、上堂、早會、晚禱會、校園清潔、圖書館當值、學生職員會等等。我哋有好多機會一齊合作。一日，同班一位女同學同我講：「一位女同學喜歡你喎！你知唔知呀？」我就咁樣講：「冇乜留意喎！」女同學話：「你試下約佢啦，睇下佢有咩反應。」

　　之後，我就鼓起勇氣約佢出去餐廳食飯，我哋就係咁樣開始拍拖。我當年係三年班學生，佢係一年班學生。拍拖前，佢做一份功課，題目係自定嘅，佢寫「獨生面面觀」。當年好少咁嘅書，佢係初哥，當然係好難搵資料。我係師兄，當然知道點樣去搵，兼且提供資料畀佢，甚至買呢類新書借畀佢。

 唔係隨隨便便拍拖

　　我比佢早兩年畢業，畢業後，我經常拎啲雞湯去神學院畀佢飲，佢亦都請佢個同房飲。而家見到佢個同房，佢個同房都會提起呢件事。當年，我哋拍拖已經 25 歲，大家都係第一次拍拖就走上紅地氈。我哋雙方對於拍拖睇法都係一致，拍拖唔係隨隨便便，人拍我就拍。我覺得最終嘅目標就係走上紅地氈，所以大家都好小心開始拍拖。

我嘅配偶應我約會之前，禁食咗一餐。禁食就係專心為一件重要嘅事祈禱，飯都唔食，用食飯嘅時間去祈禱。佢話上帝冇話畀佢聽，我就係佢另一半，但決定同我拍拖，因為心裏有平安。

我阿媽好喜歡我嘅另一半。因為呢，神學畢業之後做傳道人，我媽媽話，佢祈禱希望我另一半係傳道人。現在夢境成真，娶得美人歸，我阿媽係有一半功勞嘅，因為拎去神學院嘅雞湯係我阿媽煲嘅！

神學院內醞釀的愛情，或可作為屬世的參照。當您可以在早會、晚禱會、校園裡不同場景認識一個人，肯定比一對一的約會更加立體。

小聲友 Anson 回應

你嘅錄音，係一個關於勇敢同雞湯嘅故仔。你喺神學院認識到另一半，係一段好微妙嘅緣分。你哋有同一種信仰，有同一個願景，想從事侍奉神嘅工作。透過一位同學牽起你呢一條紅線，你好勇敢地約會，加強呢一段關係。嗰一碗唔係普通嘅雞湯，而係一碗充滿愛嘅心靈雞湯。呢段係好成熟嘅愛情故仔，思前想後才走上紅地氈。好高興聽到你嘅故仔，係充滿愛嘅童話！

祈求天父為她預備一位好人
大聲友：阿龐

　　呢個月主題講到「愛情」，我想講返我自己嘅愛情故事。我呢就喺中學讀完之後去咗台灣大學讀書。我記得去到之後冇幾耐，就收到一個教會姊妹一封信。佢話，團契裏面有一位女團友好鍾意我，佢覺得呢位女團友同我好登對。咁就嚇咗我一跳，因為我從來都冇諗過。不過我就諗下，如果佢真係對我有好感，咁係好好、好開心嘅事，咁我都唔好辜負佢啦，都可以同佢保持聯絡啦。於是，我每次暑假喺台灣返香港，都約佢出嚟傾下偈，或者睇下戲。我哋都係一個團契，所以都有機會見面。我讀完 4 年之後，返到香港，比較多時間見到佢。後尾發覺，想再約佢出嚟嘅時候呢——咦——唔知點解佢都唔應約，或者喺教會見到都面阻阻？我都覺得莫名其妙。

　　過咗半年，卒之約咗出嚟，大家就傾下到底發生乜嘢事。原來佢覺得我好悶蛋，冇咩可以傾。當時佢已經係做緊嘢，我就啱啱讀完書。佢係一個好外向、好鍾意玩嘅人，我自己就係一個書呆子。可能大家真係冇乜嘢傾到，佢就覺得我好悶。咁好啦，我知道咗佢個睇法，或者我哋兩個未必咁適合，我就終止咗嗰種來往。都唔係話終止，就係話佢唔再當我係男朋友，我唔再當佢係女朋友咁。當然，我內心都係幾痛苦㗎。後尾呢位女團友去咗澳洲做嘢，去一啲特殊學校嗰度教書。我祈禱嘅時候呢，都求上帝賜畀佢一個好嘅男朋友。冇理由喺教會裏面嘅弟兄姊妹，如果大家唔係相愛嘅話，就變成係互相仇恨，呢個絕對講唔過去。我祝福佢，希望佢有個好男朋友。

唔再甩開我隻手

　　後來佢又去美國讀書，而我去咗加拿大讀。有一年聖誕節，佢喺 St. Louis 沿路上嚟多倫多，咁我就喺多倫多。佢沿路探訪啲同學呀、朋友呀，嚟到多倫多其中一個地方我諗佢好想去嘅，就係 Niagara Falls（尼亞拉瓜大瀑布）啦。我都幫佢安排咗一個住嘅地方。嗰年聖誕節，我有幾日陪佢一齊去玩，我都冇諗到會有啲咩嘅，諗住係盡地主之誼。但幾日之後呢，發覺大家好似傾偈投契咗喇，可能佢又讀返書，我可能個人又成熟咗啲。我記得嗰次，去到 Niagara Falls，冬天冰天雪地，落咗車之後，路面好滑，我就嘗試拖住佢隻手——呀，原來佢都唔甩我隻手，都畀我一路拖住！我就一路同佢周圍去行啦，當然冰天雪地唔行得太耐，冇幾耐就上返巴士。上咗巴士之後，佢就問我一句：「你仲有冇嬲我呀？」我即刻就醒悟咗，可能佢都開始對我有返嗰種感情。

　　收尾呢，我哋第 2 年就一齊去英國讀書，我喺倫敦，佢喺曼徹斯特。喺嗰年裏面，大家喺星期六、星期日啊，都係我上去或者佢落嚟，大家都有機會再見面啦。大約過咗半年之後，我哋喺英國嗰度訂婚。返嚟香港之後，過咗半年就再結婚。

　　原來嗰陣時我喺祈禱裏面求上帝，話「畀佢一個好嘅男朋友」，收尾諗返原來就係我嚟。係啦，都係好開心嘅，上帝畀返一個我好鍾意嘅女朋友畀我。呢位女朋友就係我而家個太太喇，我哋結咗婚 42 年，大家之間嘅感情都仲係相當好。如果睇返我哋之間嗰個感情維繫，雖然大家性格好唔同，不過價值觀係好接近嘅，同埋大家都從事教育啦。同埋好多時候，因為佢外向我內向，佢好多時話，「不如出去玩下太極啦」、「不如你送我去打

太極啦」、「不如你又玩埋一份啦」，或者「我返教會，不如我哋參加團契」。於是就有好多生活上共同嘅話題，令到我哋有好好嘅溝通。我都好感謝上帝界到我一個人生裏面美好嘅伴侶啦。

今日就同你青榕分享咁多先，等返你嘅一啲分享啦。多謝你，拜拜！

以下可能是個用來測試真愛的尚佳問題：
假如對方拒絕您的愛，您仍會誠心祝福對方嗎？

小聲友　青榕　回應

聽完你個故仔之後，除咗「恭喜」之外，我搵唔到第二個詞語形容我當下嘅心情。你都做咗好多唔同嘅選擇，但回頭一看，燈火闌珊處，還是有那一個「她」在那裏。我覺得成件事都好難得，好幸運！有啲人並唔係咁幸運，即使念念不忘都唔一定會有回響，就好似你故仔裏面另一個 Friend 咁，所以就會襯托到成件事情更加唔係理所當然。你哋都已經白頭到老啦係咪？我祝你哋百年好合！係啦，就係咁多，哈哈！

我 70 歲結婚
大聲友：Panda

　　我今日想同你分享嘅，就係杜葉錫恩同埋杜學魁呢對夫婦。講少少資料先啦，杜葉錫恩本身係一個英國人，出生喺 1913 年，逝世就係 2015 年，都超過百歲嘅壽命。點解我會揀佢哋兩位呢？最主要就係因為我……點講呢……我生長嘅年代，或者係我開始同社會接觸較多嘅時候，正正係葉錫恩女士喺香港嘅議會入邊做一啲公家嘅工作、議員嘅工作。

　　至於我同佢結緣呢？話說，我參加咗一個優秀教師選舉，就係佢當時嘅先生杜學魁校長，頒獎畀我。咁點解我揀佢哋？葉錫恩女士本身有兩段婚姻，之前一段婚姻，佢嘅前夫亦都係一個英國人，佢哋嘅婚姻就係喺 1946 年開始，1949 年結束。佢遇到杜學魁校長嘅時間呢，係 1951 年。佢哋兩位，其實應該係 3 位人士呢，一起創辦咗慕光英文書院，開始喺香港進行教育工作。至於詳細情況，我相信你上網都可以搵到，我就唔詳細講啦。

　　我提出呢對夫婦，原因喺邊度呢？因為我好欣賞佢哋結婚嘅時間。係幾時呢？係 1985 年，當時，葉女士已經 72 歲，喺中國人嘅社會裏面，咁大年紀再婚畀人覺得唔係幾……點講呢……唔係話唔好，都好似有啲唔同嘅眼光。當然，佢可能係外國人嘅關係啦，都著重本身嘅感情生活，都結咗婚啦。當時雖然結咗婚，佢仍然都得到杜校長嘅讚許，一直維持喺議會入面工作。佢哋都有好大嘅默契，譬如話喺教育方面，或者葉錫恩女士本身嘅政見方面，杜校長都係站在一個支持嘅立場。

最重要的相處法則

　　每一對夫婦結合，當然有緣分啦，但係都好重要嘅，就係喺婚姻入面，或者戀愛入面，大家互相尊重，互相支持，先可以得到一個平衡。同時，亦都可以將自己想做嘅嘢，能夠做到出嚟。如果彼此都有好多唔同見解，或者大家都有太多自己，唔可以容忍對方，段婚姻好快就會結束。

　　葉女士當年係喺中國大陸入面做一啲傳教工作，後尾因為政權易手，1949 年嚟咗香港。嚟咗香港之後呢，佢發覺自己教會嘅工作同自己嘅理念有好大分別。佢覺得當時嘅教會，冇照顧到香港貧窮嘅低下階層，所以就離開咗教會，發展返自己理想嘅社會事業。呢個好值得我尊敬。同埋佢同杜校長之間嘅默契，成立慕光英文書院呀，係令到我覺得佢哋有一個彼此了解，有共同理想、共同目標。其實夫婦好重要就係呢樣嘢：彼此有默契，彼此共融，彼此了解對方啦。所以我提出呢一對夫婦同你分享，當然，成功嘅夫婦仲有好多。我分享就到呢度，好多謝你嘅收聽。

所謂匹配，並不在於大家都愛吃餐蛋麵，而在乎價值是否相近，願意彼此支持對方向目標進發。

我覺得做一對模範夫妻唔容易，需要有相同目標。人生旅途上有甜酸苦辣鹹，唔同嘅樂與悲，夫婦都要一齊面對，互相接納和包容。就算一對普通夫妻，面對生活上嘅困難，雙方都可以係個好好嘅聆聽者，有唔開心嘅事情都互相分擔。對我嚟講，啱啱先出嚟社會工作，夫妻呢個階段仲未達到。希望我之後嘅另一半，都有相同目標、意念，彼此支持接納，咁樣先可以走落去渡過每一個難關。

冤家戲水
大聲友：蘇小小

　　我點樣認識另一半嘅呢？就係同我朋友去游水，我哋嗰個年代，通常一去呢就好多人嘅，有男有女。去淺水灣游水，游完淺水灣，我哋好得意啊，就搭巴士，去另一個沙灘玩。喺巴士嗰度，咁我之後嘅另一半就話：「你哋啲女仔個個發明星夢。」當時我哋嗰個年代，的而且確係好多女仔寫信去考明星，去應徵。我呢，就好特別，就唔鍾意嘅。事關呢，我係做工廠，都搵到錢嘅。

 ## 「個個女仔愛發明星夢」

　　喺搭巴士期間，我哋坐樓上，咁我未來嘅先生就坐喺我哋後面，我同佢朋友就坐前面嗰行。跟住佢又喺度講返「女仔發明星夢」。我哋嗰個年代呢，就有「七公主」呀，有「白牡丹」呀，有馮寶寶嗰啲。跟住我就話：「唔係個個女仔都好似你咁諗，鍾意做明星嘅！」佢越講就越離譜，跟住我就鬧佢啦，咁鬧鬧完之後呢，就去到第二個沙灘玩，玩完我哋就走喇。

　　咁唔知點解喎，可能係緣分啦，過咗兩日，佢就同我朋友講，話想識我，想同我做朋友。跟住，我都有出嚟。點解會出嚟呢？係因為我朋友冇同我講，冇同我講話佢想識我，只不過話，同我一齊出街，去睇戲飲茶。我哋嗰陣時嗰個年代，唔係咁鍾意飲唐茶，我哋就去餐廳飲茶。跟住呢，就喺餐廳撞到佢，其實可能唔係撞到，係特登嘅。跟住見到啦，大家打招呼之後，就「咁啱嘅」

咁樣，跟住就寒暄咗幾句。「啊，你冇地方去呀？咁不如我哋一齊去睇戲啦！」「是但啦……」咁就一齊睇戲啦。

「其實我已經有朋友」

之後過咗幾日，大家又一齊出嚟。我就同佢講，即係話表明啦，我話：「其實我自己都有朋友。」知道之後呢，佢都唔放棄，死心不息㗎。咁返去呢，佢都有同佢父母講，話識到個女仔啦，話我有朋友嘅。我哋嗰個年代，好多「飛仔飛女」，係飛仔飛女嘅年代嚟嘅。跟住佢父母就話：「唔好啦！人哋有朋友，你就唔好再同人哋拍拖啦！」咁佢都唔放棄。

可能真係緣分嘅問題啦，佢界我鬧，成日界我鬧。我去學裁剪，佢就話「唔好呀」，又話乜又話物，總言之就乜都「no」嘅。我鬧佢，鬧極佢，趕佢走，佢都唔走。甚至乎呢，喺度等我嘅。我見大家識咗一段時間，見佢個人都老實，蠢又蠢唔晒（笑）。一路同佢做朋友，直至大家真係了解咗喇，佢個人都好老實，同埋負責任啦，有責任心啦咁樣。卒之呢，都同佢結咗婚啦，而家都成四十幾年。間中我哋都有時頂下頸，不過頂完都冇乜嘢，可能個溝通模式就係咁囉。

我講完我嘅另一半啦！

建立一個拍拖紀念日，每年跟他或她一起回顧邂逅的日子，好讓昨天的心如火重新挑旺今天的心。

小聲友　嘉莉　**回應**

蘇小小，聽完你嘅戀愛經歷，我都想去同一個相愛嘅人拍拖，一齊去經歷唔同嘢。但係呢個拍拖嘅時候應該仲未到，因為仲係學生時期，要讀書呀，去做唔同嘢。我差唔多中五升中六，打算去搵份工做住先，穩定咗工作先，再去搵有冇合適嘅對象，睇下同佢合唔合得埋，再諗會唔會同佢拍拖一齊嗰啲囉。

豆腐火腩飯
小聲友：Nardo

　　今個月嘅主題係「愛情」，我就揀咗呢一題分享，叫做「談談人生最浪漫嘅一刻」。首先我個背景係，之前讀過 Pre-Asso（副學士先修課程），跟住再讀兩年 High Dip（高級文憑課程），跟住再讀 4 年 Degree（學士學位課程），最後先做到一名 social worker。

　　我覺得人生最浪漫嘅一刻，就係終於畢到業，正式成為一個社工喇。我可以出嚟工作，賺錢去報答返我父母嘅養育之恩。呢個對我嚟講，係人生最浪漫嘅一刻囉，因為始終阿爸阿媽都栽培養育咗咁耐，作為兒子嘅我，加上我係一個獨生仔，可能屋企個重擔都會好大。我而家可以有能力去做一名社工，可以搵返一啲錢呀，去供養返我嘅父母，即係去報答返佢哋，對我嚟講係好重要。對我嚟講，對家庭睇得好重，盡量都唔想阿爸阿媽辛苦，可以靠我自己出去工作，去養育佢哋。阿爸阿媽由我好細個已經出去做嘢，好辛苦呀，去維持呢個屋企嘅收入，同埋生活環境咁樣。而家我爸爸做緊老人院舍嘅清潔工人，我媽咪就做一個陪月員。我做一個社工，都係喺院舍度工作。

呢個 moment 最浪漫

　　我覺得有時人生裏面，愛情唔一定係一個好重要嘅部分囉，譬如家庭都係一個重要部分。其實係睇每一個人喺邊一個角度睇，同埋次序上面點樣排，為之邊一樣最重要。喺我嘅角度嚟講，覺得只要我屋企人開開心心，健康生活，對我嚟講係人生最浪漫一刻。起碼我哋唔使煩惱三餐，點樣可以生活落去，都有稍微富足嘅生活，我覺得喺香港嘅生活條件嚟講已經算係唔錯。我自己會好珍惜我而家擁有嘅一切，我會出去進修，讀一啲嘅認知障礙症嘅課程，去增值自己囉。另外我喺社工方面再有更好嘅發展，有個比較明確嘅方向。我唔係一個固步自封嘅人，會不斷去學習，不斷去經歷啊，去嘗試一啲嘅新嘢。我覺得而家呢一刻、呢一個 Moment，可以有更多機會，更多時間學習唔同嘅嘢。我覺得呢一個時刻，就係我人生裏面最浪漫嘅一刻啦。

　　今個 6 月嘅主題，就分享咁多喇！唔該晒。

 無論親情、友情抑或愛情，多一點回想對方的付出，不難使我們的心頓時和暖起來。

大聲友 Panda **回應**

你對父母好尊敬，家庭觀念好重。喺現今社會裏，年輕人對於回饋父母越來越唔重視，甚至乎反叛自己嘅父母。咁當然，父母可能真係有啲問題。其實，如果你冇咗家庭，冇咗父母，你會唔會得到往後嘅教育，甚至創立到家庭？當你有一個家，就會發覺原來家庭真係好重要，除非你一直抱住獨身主義啦，係咪？希望你維持呢個感恩嘅諗法！

永續柴可夫
小聲友：Tina

今個月嘅題目就係「愛情」，我收到呢個題目之後，見到有一個係講「人生浪漫嘅時候」。我就覺得，「嘩，等我諗下先」，我諗咗好耐，跟住我發現，原來我人生真係冇一個我記得嘅浪漫時刻。我都諗咗一段時間，諗住應該會有，但真係諗唔到。

但係，喺我諗返過去嘅時候，畀我記得返一對模範夫妻。佢哋係我前男友嘅爸爸媽媽。點解我會覺得佢係「模範夫妻」呢？首先我要講返，我對上一代啦叫做，就算好似我爸爸媽媽，都覺得佢哋係冇乜愛情可言。係囉，可能呢個係我自己純粹嘅小小印象啦。但係我以前男朋友嘅爸爸媽媽，改變咗我對上一代愛情嘅諗法。

上一代的愛竟如此

我識佢哋嗰陣，係佢哋結婚 30 週年。點解我會知呢？因為佢爸爸，30 週年嗰個禮拜就成家飛咗去日本。原來，就係為咗去日本買隻鑽石戒指畀佢媽咪咁樣，即係佢老婆啦。我就覺得：「嘩，好誇張呀呢個舉動」。除咗呢個好似用錢堆砌嘅愛情之外，其實平時佢哋嘅日常生活相處，都係好有愛嘅感覺。好似平時，如果佢哋一家人出去食飯，會問咗媽咪嘅意見先，再決定去邊度食飯呀、去邊區食飯呀、去邊間食。如果係媽咪自己同朋友出去食飯的話呢，佢爸爸如果得閒嘅話，就會去接佢返屋企。譬如佢媽咪喺尖沙咀食飯，就會特登去尖沙咀接佢返屋企。如果真係唔得，

佢都會就叫佢個仔：「嗱，你媽咪幾點落車，你落樓下接你媽咪上嚟啦。」對於我嚟講真係好驚訝，佢爸爸真係好錫佢媽咪！

但係，佢媽咪唔會因為佢哋好錫佢，而有一啲好任性，或者好刁蠻嘅行為。都係一個好淑女、好有禮貌咁嘅相處方式。譬如好似佢哋去日本，因為知道老公攞咗好多錢買隻鑽石戒指，同埋佢其實平時都唔係亂洗錢嗰啲人，佢嗰次去日本都冇乜點買嘢，唔會話去到日本，就要買好多好多好多嘢返去。佢都知道個老公使咗好多錢，即係自己都使少啲啦咁樣。我覺得，嘩，佢媽咪真係好好。如果一個人真係好錫我，可能我都會恃寵生嬌，可能會越嚟越野蠻，但係佢哋又唔會有啲咁嘅情況出現。

試過有一次，佢爸爸激嬲咗媽媽。通常激嬲呢，可能未必會即刻去氹返呀，會攤一陣先，等一陣啊，等唔嬲啦先同你講嘢。佢爸爸見到媽咪嬲，就即刻去氹返佢，不論身邊有啲咩人喺度，都會好似一個拍緊拖嘅小情侶咁樣，氹返另一半。佢哋令我覺得，雖然結婚 30 年，但都好有愛。佢哋係用愛去同對方相處，冇話因為時間呀、家庭呀，而去忘記佢哋呢一份愛囉。我今日分享嘅就係呢一對模範夫婦啦。

愛情
小貼士

婚宴要花一天，婚盟則要一世。前者講究排場，後者注重日常。

你提到一對模範夫妻，仍然好似拍緊拖嘅小情侶咁恩愛。太太發嬲，丈夫唔理旁人點睇，即刻氹返佢。已經結咗婚 30 年嘅夫妻，仍然可以咁樣相處，真係罕有。慶祝 30 週年結婚週年，全家總動員，將呢位擁有妻子、媽咪身分嘅女士，好似女皇、公主咁看待，難得又唔會恃寵生驕。丈夫懂得欣賞太太，太太又會珍惜自己嘅福氣，擁有幸福美滿婚姻嘅一對，真係為佢哋獻上感恩！

海下愛夫號
大聲友：Ivy

　　阿普，今次我選擇分享嘅題目係「談談人生浪漫的一刻」。我結婚 30 週年嗰日，我幫我丈夫、大女報名參加一個叫做「生命前線」嘅機構嘅營會。佢哋唔係公開畀人參加，只係內部嘅啫，名額大概 10 個人以下。參加者有「生命前線」嘅同工，同埋董事啦、義工啦，我同個女都係嗰度嘅義工。我哋去嘅地方係海下，海谷地營地。營地設施好簡陋，因為佢係由義工起成嘅，係鐵皮屋，只有風扇，冇電視機。床呢瞓咗落去唔能夠轉身，你就知道張床有幾闊。海下呢個地方係我同屋企人第一次去，路途非常之遠，喺西貢搭車之後，再搭車入去，落咗車之後，行大約 20 分鐘先去到營地。大熱天時入營，身水身汗先去到營地。

　　我丈夫當然唔記得嗰日係我哋結婚 30 週年啦。我個女靜雞雞買咗個蛋糕，叫生命前線嘅人幫我哋拎入去。營地嗰度冇職員嘅，我哋需要自己煮食，所以晚餐都係非常簡單。營地附近有海灘，晚飯之後，我個女計劃喺海灘嗰度，用蠟燭砌「30」呢個字型。但由於營地去到沙灘嗰度，係完全冇燈嘅，為咗安全所以我個女都係取消去沙灘，改喺營地嗰度。我丈夫去沖涼嘅時候，我同阿女好快好快咁樣，就喺營舍去沖身嘅空地嗰度，好快咁樣用啲蠟燭砌咗阿拉伯「30」呢個數字。當我丈夫沖完涼出嚟，見到呢個景象，見到我同阿女企咗喺度嘅時候，當然好驚訝啦。我話畀佢知，今日係我哋結婚 30 週年，佢先至醒起呀！黑暗中「30」呢個燭光更加明亮，當然唔少得喺燭光之下影相啦，阿女更加將呢張相片上載到佢個 Facebook 度。之後，我哋入到營舍就切蛋糕。

分享我哋兩夫婦相處之道啦，長話短說，我只係講幾句啫：我哋兩個都係好獨立嘅人，大家有自己嘅空間，當然都有我哋兩個人嘅時間。

好，暫時分享到呢度先。不過我話畀你聽，7 月 3 號係我同我丈夫結婚 37 週年，不過我哋都未諗到點樣慶祝。好啦，拜拜！

如果您婚前傾向等待浪漫，婚後何不一反常態，多點營造浪漫送給對方？

小聲友　阿普　回應

你哋用蠟燭喺沙灘設計你哋嘅結婚週年，我覺得呢個唔單止有意義，亦都好浪漫。雖然你哋取消咗，轉咗去沖身嘅空地度慶祝，不過我覺得喺營地裡面，由於更加黑暗，可能「30」呢個字眼，會更加光亮，更加有氣氛。你哋仲會一齊切蛋糕，去分享咁多年嘅相處之道，呢件事真係好有紀念價值。喺呢度我就送上少少祝福，希望 Ivy 婆婆同你哋嘅先生，都有健康嘅體魄，往後日子過得幸幸福福，恩恩愛愛！

跨代學習：愛情篇

　　當兩個人互生情愫，不時會不自覺地美化了對方。尤其在單對單約會時，有的甚至會演變成一場戲，不是出於造作，而是雙方都努力把最好的一面呈現出來。所以，有人提議大家先從朋友做起，見面時不只兩人，還有其他人，那麼你不僅可以觀察他如何待你，亦可窺見他如何對待別人，從而更立體地認識一個人，免卻日後「因誤會而結合，因了解而分開」。

　　依循這套邏輯，上一代人似乎佔有明顯優勢。從「冤家戲水」的故事，我們看到上一代人慣常一大班人去玩，朋友帶朋友，未見過面的亦可玩成一團。在這冷不提防的時候，蘇小小聽到還是初初才相識的未來夫婿在眾人裡爆出一句「你哋啲女仔個個發明星夢」，然後不打不相識。

　　然而，在不少年輕人心目中，像小聲友 Tina 形容一樣，上一代是「冇乜愛情可言」。這個評語不無道理。現代社會的愛情觀，講究情感交流，重視自我剖白，心底話講得愈多，關係愈是親密。「唔係想食你煮嘅麵，係想見多你幾面」這句經典廣告對白，一語道出了兩性關係的含蓄，是屬於上一代人的故事。其次，愛情的主要任務乃是浪漫，而婚後的任務則是維繫一個家庭。後者包括一籮籮的實務，例如買餸煮飯洗衫拖地，充滿油煙臭汗，不太浪漫。Tina 仍是做女，在家近距離看到的，大概就是如此罷了。

不過，Tina 發現自己錯了，上一代人原來也可情意綿綿。她在前度男友的家裡，找到了一對模範夫妻。世伯和伯母活像一對小情侶，有飛去日本為買一隻鑽石戒指來慶祝結婚 30 週年的瘋狂，亦有細水長流的日常，包括外出食飯必問太太意見，太太出街自己必定親自護送歸來，激嬲太太過後又會哄她一哄。同樣，在「戀戀雞湯」的故事裡，大聲友 Terry 年輕時拍拖，亦甘心樂意當個跑腿，不時走到神學院，親手遞上一碗熱氣騰騰的雞湯給女友仔 Ivy。

　　值得留意的是，健康的兩性關係不是單向的，而是施有時、受有時。Terry 在年輕時當過暖男，許多年後，Ivy 在她倆的 30 週年結婚紀念日，主動安排了一個戶外活動慶祝。她在「海下愛夫號」的故事裡說，不介意丈夫忘記了大日子，反而連同大女一起預備一個驚喜，在黑夜裡用蠟燭砌成一個阿拉伯「30」數字，送給為天父辛勞工作的牧師丈夫。愛，果然是永不止息的。

　　可是，唯有一生一世的婚姻才算成功？假如再婚，是否代表失敗？今天香港的離婚率和結婚率相約，這些問題格外值得反思。大聲友 Panda 在「我七十歲結婚」的故事裡，介紹了本地一位公眾人物杜葉錫恩。這位能操一口流利廣東話的英國人，跟前夫離異後，遇上了一位姓杜的男教師。她與後者價值觀相近，後

來更一起在徙置區創辦了一所窮人學校。他倆並肩為弱勢發聲，相知相交，相互扶持，不理會旁人白眼，儘管雙鬢早已斑白，亦要攜手踏上紅地毯。

的確，是「情」使人生得值一活。這話套在小聲友 Nardo 身上特別貼切。出身基層的他，爸爸在老人院當清潔工，媽媽則是一名陪月員。比起一般的年輕人，他走的路迂迴多了，要多讀好幾年書，才一圓社工夢。現在終於踏進社會做事，既有能力供養父母回報親恩，亦有志向繼續進深。問這位仍未拍拖的男生何謂浪漫，他二話不說直指「呢一個 moment」！

收聽今個愛情主題，有一個 moment 格外教人動容。在「祈求天父為她預備一位好人」的故事裡，阿龐透露了自己一件被人拋棄的往事。他在大學時期跟一位女生邂逅，由對方先示好，到關係更進一步，再漸漸被女方疏遠。一天，大惑不解的阿龐終於知道死因，被告知自己是個不折不扣的「悶蛋」。但他沒有苦毒起來，反倒默默為對方禱告，祈求天父給她安排一個好男生。許多年後，他才赫然發現，原來自己就是命定的一位。

不求佔有，只為對方的好處著想——這，難道就是愛的真諦？

七月：
歲月的童話

　　友人曾說，自己一定要活過 18 歲，她一直打算待到拎成人身份證才拍拖，要是連戀愛也沒談就辭世，那實在太殘酷了！

　　歲月就像一張張入場券，我們會在不同的年歲獲發不同的票，走進別一樣的場館。例如將近 30 歲，孔夫子「三十而立」的話或不時在我們的腦袋裡盤旋——「都 30 歲人，我可以自立了嗎？」無論男與女，各人的 30、40、50 歲，自會伴隨嶄新的角色和體驗：首次輕挽你的手；寄出第一封求職信；聽到孩兒哇哇大哭；配了一條新的門匙。然後退休，有說頭 10 年乃是人生的「黃金十年」，兒女債還清了，樓又供完，終於可享享清福，只消兩元車費便可乘搭交通工具遊遍香港。

　　驀然回首，歲月果然是個童話故事。

請選擇 A 或 B 作 5 分鐘的回應。

選項
A

你對自己的歲數有何感覺？試從好處、難處及有趣之處 3 方面分享。

選項
B

75 歲時我會怎樣過日子？

你當我是傻瓜吧
大聲友：Shirley

　　今次個題目就有 A/B，B 就係話想像自己 75 歲嘅時候點樣生活。我活在當下，覺得而家嘅生活係最重要。好記得有個有智慧嘅人，同我講過，就係如果你今日嘅生活都過唔好，同埋今日嘅你都做唔好，然後只望將來點樣點樣，其實都係一個奢望。我都好同意呢樣嘢，所以我會盡量做好，或者係有嘅嘢會好好享受。

　　所以我就選擇題目 A，即係我而家係點樣樣。我覺得都唔係完全同個歲數有關，歲數只係其中一個因素。我就嚟 65 歲啦，已經退咗休好幾年，唔需要去擔憂好多嘢。呢個都係我過去做嘢做咗 37 年嘅成果，係一個對自己好好嘅回報。

🔘 唔會令情緒好波動

　　我覺得到咗呢個年紀呢，最主要呢係對一啲事情嘅反應，唔會係好情緒化。很年輕嘅時候啦，好多時個情緒，或者係自己一個反應，係令到自己好辛苦㗎。我覺得而家呢個階段，最大嘅好處就係我心境係平和，就算遇到一啲自己唔想見到，或者唔鍾意嘅事情，我都會處理，我會有睇法，但我唔會令到自己嘅情緒好波動。

　　另外呢，我都有好多好朋友，有啲好細個嘅 18 歲。有時我哋都一齊出街，有個好處呢，就係佢哋對我好好，有啲乜嘢都會幫

我，好似尊敬長輩咁樣啦。做朋友係冇分年齡界限嘅，可以傾得埋就覺得好開心，但佢哋真係會對我好好。

咁個困難嘅地方，我諗最主要就係就算你心境年青，但身體就話界你聽，你真係去到某一個歲數，即係一個已經用咗咁多年嘅身體呢，其實性能同後生嗰陣時唔一樣啦。咁個心你要調節啦，同埋自己都要接受，要小心同埋知道邊啲嘢可以做，邊啲嘢做唔到咁樣囉。我都好好彩啦，身體都係健康，冇乜好大嘅毛病。但係我本身都會好留意，有時身體會話界我聽，有啲咩情況咁我都會好留意。

 ## 跟孫女齊齊唱

至於話有趣嘅嘢呢，我覺得就係到咗而家呢個階段，好多時我唔會好介意人哋點樣睇我。後生嘅，我諗好多人都會經過呢個階段，個心好介意人哋會唔會批評自己呀，好樣衰呀或者界人笑呀咁樣呀。但我而家呢就越嚟越少。譬如我有個孫女，佢就嚟兩歲，好多時都會過嚟我度玩。工人姐姐帶佢過嚟，咁兩歲嘅小朋友就好鍾意唱下歌仔，我就會同佢一齊唱啦，有陣時唱一啲好傻嘅歌。旁人睇到都會覺得好傻，但係我又唔會理，繼續同我孫女繼續唱，好爽㗎，自己填詞嘅歌咁整下整下。而家我哋有時都會一齊唱歌呀一齊做啲傻傻哋嘅嘢，我覺得呢個係最好嘅。

同埋呢我自己啦，而家唔會好似以前年青嘅時候咁貪靚啦。咁就少咗個負擔，出街可以簡單啲，唔使成日驚住唔夠好睇呀。但我都會留意呀，唔好太過分，如果唔係就會變咗好醜。

總括嚟講，我覺得我現階段都非常滿足，非常感恩。我都知道好多人唔係話付出咗努力，就一定會有一個美好嘅自己，滿意嘅結果。我努力過之外呢，我都好感恩，真係好幸運嘅，背後有好多人幫助。

活著帶點傻氣，就連小朋友的心亦可擄掠。

小聲友　銘熙　**回應**

我好認同你講，不論去到幾多歲都好，最重要係嗰個人有冇做好眼前要做好嘅嘢。我覺得呢樣嘢，無論去到幾多歲，都係要學習嘅事情，呢個心態跟歲數無關。

青春零負擔
小聲友：青榕

今個月嘅主題，我就揀咗：我對於而家呢個年歲有啲咩嘅感想，試從好處、壞處同有趣之處去講一講。

其實呢，我都有考慮過講一講 75 歲之後想要啲咩嘅生活，不過我真係諗唔到，因為覺得我有命先算啦（笑）。我就唯有講下我而家擁有嘅嘢，可以比較現實啲。

 想做就多去做

對於呢個年歲個好處係咩，我覺得只可以由心理層面去傾囉。而家呢個歲數啦，可能做嘢會比較有衝勁啲啦、有熱誠啲啦，個人唔會咁容易攰啦。同埋個人有 energy 啲啦，可以去做下運動呀、去遠方呀、去玩下、見識下呢個世界。過咗呢個時期，以後就冇咁多機會㗎啦，譬如話可能會有工作呀，或者要照顧屋企人，或者有好多濕碎嘢阻住你去做你想做嘅嘢。而家呢個年歲會比較冇乜「抱負」，冇咩責任，即係對我個人而言就冇囉，可以多啲去做自己想做嘅嘢。過咗呢個年齡之後，可能精神上同埋體力上都有下降，所以喺呢個年歲嚟講就有呢啲好處。

至於壞處，我覺得同好處好似係相連嘅。點解呢？譬如話啦，我運動完之後，個人好有 energy，可能運動完之後就好容易受傷囉。就好似嗰啲運動員咁，即係退役之後，就好多舊患喺個身度

啦。或者你去見識下世界啦，但發覺原來成個世界好黑暗嘅，原來同人哋影張相都要收錢。不過畀人呃啦，都係一種經歷嚟嘅，所以無論係好或者係壞我都會接受佢。

 ## 仲係細路仔啫

至於年歲方面有咩好有趣嘅地方？都有一個，譬如話啦，有陣時我想任性啲嘅，人哋就會覺得我係「仲係細路仔啫，佢任性就畀佢任性啦」，即係人哋會原諒囉。又譬如話，你做咗一件好好嘅嘢，好叻嘅嘢啦，佢哋就可能會話你：「嘩，你咁叻嘅！而家就可以做到咁好！」覺得你好好啦，對你有期望啦。

係啦，呢個年歲都幾得意嘅，幾矛盾。你做錯，人哋唔會特別去怪你；你做得啱，人哋會好鼓勵你。我唔知係咪因為呢個年歲，令到其他人覺得我哋係成長緊，需要多啲鼓勵，所以咁樣去同我哋講嘢。我覺得好奇怪，亦都好有趣。

雖然話我覺得呢樣嘢好有趣，但我又唔覺得呢樣嘢係啱嘅。因為一個人做一件事，之後畀人稱讚或者畀人話做得唔啱，唔係由個年歲去衡量，而係由事物嘅根本，做得啱唔啱去衡量囉。如果佢錯就梗係要話佢㗎啦，唔通佢錯嘅話仲畀佢繼續任性咩？如果佢做得啱嘅話，就繼續畀佢去做囉，同佢講加油囉。

呢個就係我對我自己年歲有啲咩諗法，就係咁多啦，Thank you！

對人寬容一點吧，就如昨天別人原諒了你的任性一樣。

大聲友  阿龐 回應

時代不同，每個人為自己選擇的道路都不一樣，青榕選取過程，我側重結果，她的日子較快樂，我只能說無悔。青榕又提到社會給年青人很多寬容和鼓勵，我以前也是這樣想。但社會運動後，眼見很多年青人為自己錯誤所承擔的嚴重懲處，心有不忍，作為他（她）們的父母師長，是不是也要自我檢討一下？這個城市的成年人是否應繼續沉迷於「搵食至上」？

18 歲才敢做的事
小聲友：嘉莉

今個月嘅主題係「歲月的童話」，我係選擇題目 A 嘅。

我而家中五升中六，過咗生日，所以係 18 歲。我對自己嘅年齡有咩感想？我自己細細個嘅時候諗過呢個問題，就係話，我成咗年之後我嘅態度會變得成熟啲啦，我嘅身高都會高啲啦。結果呢啲只係幻想，細細個嘅我會覺得 18 歲嘅我會喺個好成熟嘅人。但係自己由細細個開始就有變，就算到咗 18 歲，都唔係幾成熟。正確嚟講，係仲有啲幼稚嘅成分。

 我驚太多會醉

18 歲嘅好處。18 歲唔係有一個新法例咩？ 18 歲以下唔可以飲酒。我 18 歲生日嗰日，拎咗成人身份證之後，就去買酒嚟飲！我買酒，但係唔知道算唔算酒，係一種汽水嘅酒，酒精成分得 3%。我買咗酒嚟飲啦，係汽水酒，買咗一罐，喺夜晚飲，味道係柑桔味。我打開聞一下味道，有一種香味，幾香啦，應該好好飲，跟住一啖飲落去。第一次飲嘅酒，係苦中帶甜，飲完之後就有一種熱熱地嘅感覺，一種莫名其妙嘅熱。飲細細一啖之後就將嗰罐嘢放低，因為我驚飲太多酒我會醉，雖然酒精成分得 3%，但都係小心為上。嗰次我冇一次飲晒，分一啲一啲去飲。結果嚟講，我 18 歲第一次嘗試飲酒都係唔錯嘅，對我嚟講都係一種好處囉，可以做到之前做唔到嘅嘢。

難處。我覺得自己 18 歲嘅難處就係，仲未決定好將來要做啲乜嘢。我而家仲喺度思考緊，將來要點發展我嘅人生，搵工作呀之類嘅。

有趣之處就係，我身高由小六開始冇咩變過，154cm。係好有趣，明明係 18 歲，但睇落去一啲都唔成熟嘅。跟住就係我個樣，都睇落去都唔係幾成熟。係好有趣㗎，啲師妹話：「嗯，你原來係師姐嚟㗎！」佢以為我哋係同年，所以都幾有趣呀我覺得。嗯，有趣！

將每年生日視作一個提醒，告訴自己要找一件新事物放膽一試。

大聲友　蘇小小　**回應**

你自己限制 18 歲先至可以去買酒飲，我覺得好得意。點解呢？其實想試酒呢，尤其係果味嘅酒，13、14 歲都可以試架啦！我自己好細個已經飲，試飲啤酒。其實做人有時都可以嘗試下其他嘢，尤其係新嘅事物，咁就梗係要啱自己嘅先好啦。至於 18 歲會唔會再高呢？渺茫啲囉，男仔都仲有少少希望。點解我咁講呢？都係聽啲老人家講㗎咋。

為青春開一張支票
小聲友：Kenneth

今個月嘅主題係「歲月的童話」，我揀嘅題目就係我對而家嘅歲數有咩睇法啦，例如好處呀、難處同埋有趣之處方面去講下。

我講下好處先啦。我而家都 24 歲啦，就讀社工，嚟緊 9 月升 3 年級，再讀多兩年就畢業。我之前讀咗啲副學士課程同埋 retake 過，即係重考過一年 DSE，所以就畀人用多咗幾年時間去實踐呢個社工夢呀。但我自己諗返轉頭，都覺得係值得嘅，因為我覺得雖然可能正常人 22 歲大學畢業，我讀完之後可能 26 歲啦，但我覺得追求一個理想職業或者自己目標嘅話，我會寧願花多幾年時間去完成佢囉。人生流流長，當你無論 22 歲好、26 歲好，廿幾歲出嚟做嘢，可能做 30、40 年，我覺得呢幾年所花嘅時間唔算得上咩囉。只要你真心有一個清晰的目標去追求自己理想嘅職業方向嘅話，我覺得都係值得。所以我覺得呢個可能係我而家呢個歲數嘅好處，就係趁著青春啦，仲有啲時間，可以用青春去追夢。仲有兩年畢業啦，我希望真係成為到一位可以為弱勢社群略盡綿力嘅社工啦。我覺得就算多幾年嘅付出都值得嘅，因為做社工係一個大半生嘅職業，所以呢幾年花費嘅時間唔稱得上係乜嘢囉，最緊要係搵到自己清晰嘅目標，知道自己條路想點樣行。

圓夢後又怕失落

我呢個歲數有好處亦都有難處，難處方面我就覺得，就係搵工方面，對我嚟講一定會有煩惱。可能會好擔心搵唔到一間理想嘅機構去做，要衡量返人工呀，或者機構嘅環境呀文化啱唔啱自己。雖然話後生可以趁青春去追夢，但我覺得追夢嘅同時都要為自己將來嘅職業或者路向去負責任，所以我都有少少擔心。兩年後會去邊間機構做呢？可能有興趣去啲青少年或者長者機構，都係 NGO，即係非牟利嘅政府組織。我自己就希望入到一間正正常常嘅機構做就 OK 啦，但又擔心做嘢之後，個機構同而家讀書嘅理想好大落差，呢一個就係我而家嘅歲數嘅一個難處啦。

另一方面嘅難處就係，我都 24 歲啦，身邊可能有啲朋友都拍咗拖。但我自己覺得，都係保持一個宗旨，就係寧缺勿濫。我覺得如果唔係真心真係鍾意一個女仔，或者同佢價值觀真係啱，思想真係啱傾嘅話，我唔會貿貿然嘥時間去同佢試下發展囉。呢個歲數對我嚟講，係追求一個長遠嘅發展，唔係話拍下散拖啊啲囉。呢方面都係我而家呢個歲數嘅難處，就係要等緣分嘅出現啦。但自己內心都有個矛盾，就係唔知緣分幾時會出現啦。

 ## 告別渾渾噩噩的日子

另一方面啦，就係我呢個歲數嘅有趣之處。我身邊都有一定嘅中學朋友，去到而家都有聯絡啦。大家從中學畢業有 4 至 5 年嘅時間啦，最有趣嘅地方就係可以睇住朋友同自己嘅成長囉。我有啲朋友可能比較 hea，漫無目的或者渾渾噩噩咁過日子，但過咗幾年之後，同呢啲朋友再相處，發覺佢哋都會為自己訂下人生

目標，例如將來想從事啲咩職業呀，或者自己將來有興趣想做啲咩。當然我自己都有好大轉變啦，比起中學嗰陣，思想會成熟少少，諗嘢會諗得比較全面，同埋會三思而後行去做一件事，唔會話好似中學咁好隨性去做一件事。我而家每做一件事都會諗下個後果啊、結果啊或者最壞打算先去做。所以我覺得我呢個歲數有趣嘅地方，就係可以見證住朋友同自己嘅成長囉，係一同見證著囉。

我哋下個月再見啦。多謝你，蘇生！

也許，世上並不存在冤枉路，只要真的走過，終究也可豐富我們的人生吧。

大聲友　蘇生　**回應**

你年紀比較輕，真係唔知條路會點。年青人就係咁，有好多未知數，我好似你咁嘅年紀，都會擔心㗎。以我過來人嚟講，只要我哋樂觀面對每一日，做好今日就得㗎啦，裝備好自己，每一時每一刻唔好浪費咗青春。真係㗎，會有條路畀你行咗出嚟，呢啲就係叫人生。無論想做咩嘢，要畀個心落去，就有條路畀你行。

賣懶賣到 70 歲
大聲友：蘇生

　　講起我嘅童年歲月，而家仲有好多回憶。我生長喺一個比較大嘅家庭，好多兄弟姊妹。我哋以前喺東南亞嗰啲地方，每個家庭都有 10 幾個兄弟姊妹。我都算係排喺好前，喺咁困難嘅環境生長，我可以講係成熟嘅啦。因為環境逼住你去成熟呀，你喺一個好多兄弟姊妹嘅家庭，我哋又唔富裕。變咗我哋喺童年嘅時候呢，比一般人會成熟好多，會諗好多嘢嘅。

 ## 交唔起學費

　　我讀書嚟講都算係 OK 嘅，但係呢，好無奈，因為我哋家貧呀，我哋嘅兄弟姊妹多呀。嗰陣時個環境唔係好似而家香港咁，有 9 年教育呀，又話 10 幾年教育呀嗰啲，我哋嗰陣時係無嘅。因為冇錢，就冇書讀，我好記得，冇錢係冇書讀。我曾經讀到小學 6 年班，讀咗上學期，但無奈，因為我屋企實在交唔起學費，咁下半年我就冇得返學啦。

　　我仲記得好清楚，我老母佢話呢：「唔緊要，老豆遲啲賺到錢你就繼續讀啦。」因為交唔到學費，小學都未曾畢業呀就要停學。停學之後可以做咩呢？ 10 零歲可以點？阿媽就話：「既然冇書讀，不如搵份嘢做啦，搵嘢學呀。」咁樣。

17 歲做師傅

嗰陣時我都好生性，唔會怨恨屋企，或者話冇書讀啊。嗰陣時我 12 歲咁細個，我都好生性㗎啦，我真係好生性。我成日諗：「窮呢唔係罪過嚟嘅。」嗰陣時東南亞嗰啲地方，好多父母都畀啲仔女去學一門手藝。咁我 12 歲呢就被迫出嚟，跟我個姨丈啦，佢開機廠嘅，去佢嗰度學做學徒啦。

由嗰日開始，我已經立定志氣，我一定會出人頭地嘅！雖然我只係 12 歲，但嗰時好識諗。我真係好勤力嘅喎，無論幾辛苦，或者師父對我點樣，我都好用心去學習。所以造成咗我呢，17 歲已經當師傅啦，幾犀利呀。通常嚟講，學機器 3 年已經滿師啦，3 年滿師都係 15 歲，咁我再補多兩年師，就 17 歲，已經當師傅啦。我對自己好有信心，亦都好努力、好用心去做。我將我全部嘅精神呢，都投入咗落去。

我哋而家喺香港啦，物資咁好啦，資源又咁好，所以我成日都奉勸年青人要好好珍惜。香港係一個福地，我哋一定要好好裝備自己，唔好浪費青春，唔好浪費時間。時間好快就過咗去，當你唔去掌握，唔去裝備自己，你過咗之後呢，就會後悔㗎啦。

 ## 由 12 歲開始冇懶過

咁好啦，到我廿幾歲，我成家啦。我都係一個小康之家，亦都好努力，我有門手藝，所以我又唔會驚話冇飯食嘅。嗰陣成咗

家，有 4 個小朋友呀，我會珍惜每一個過程、每一個階段。點樣為我哋嘅小朋友去灌輸呀？點去教導佢哋？做人呢，唔好怕蝕底。我成日都同我啲小朋友講：「人哋點會界機會你呢？點會教你呢？如果你樣樣都唔肯蝕底，樣樣都咁精咁樣，老實講，人哋點會教你其他嘅嘢？如果你係用心嘅，又唔怕蝕底嘅，始終有人會去睇，有人會賞識你，就會界機會你，教你點做人啦，教你點做嘢，你咪會裝備到自己，你咪會成功囉。」我就係呢個例子，就係咁樣。

嚟到今日啦，我都差唔多 70 歲啦，回憶返轉頭呢，我覺得呢一生嚟講，我可以講 OK 嘅。因為我冇懶過，我成日講自己，我冇偷懶過。由 12 歲嚟到今日 70 歲啦，事實係我每一刻，真係冇偷懶過嘅，冇話乜都唔做啊。到而家為止，我都係一個好好學嘅人嚟嘅，我專去研究、鑽研一啲機器呀、生產呀。咁當然啦，我廿幾歲就已經係一個小老闆，有一間廠，雖然唔係好大間廠，都叫做有間廠仔啦，可以養妻活兒啦。諗返轉頭，好彩當日我係努力咗，冇浪費時間，冇浪費青春。

我體會到就係呢點。我成日同啲小朋友講，叫佢哋呢努力讀書，努力學習，唔好怕辛苦。譬如而家個小朋友去返工，我都係咁樣講嘅：「我哋一定要早到遲退，唔能夠話遲到呀，又早走呀，咁樣唔得㗎。如果你抱住呢種心態，你上司點會界機會你呢？係咪先？點會教你呢？係咪先？」我呢一套都灌輸咗界我啲小朋友，今日我啲小朋友都好成功，個個都好成功。你知道我啦，自從沙士之後呢，已經係退休啦，已經做唔到嘢。好彩我啲小朋友都好生性，佢哋都好支持我到今日。同埋呢，我喺主教山度做咗

咁多年義工，需要啲金錢呀各方面呀，佢哋都支持到我。我都覺得好開心，即係做人呢，都覺得有啲意義。

好啦就係咁多。唔該晒，拜拜！

付出半斤，未必保證收回八兩；但如果連半斤力也不出，肯定連一兩的收穫也沒有。

我覺得都好犀利，12、13 歲個人都未成熟，就已經出嚟做嘢，會面對好多挑戰。蘇生你可以克服到呢啲困難，年紀輕輕 17 歲成為一個機械師傅，到 28 歲有自己小小嘅工廠，我覺得都係一個勵志嘅故事。我都好相信先苦後甜呢個道理，我哋後生時應該捱多啲苦，可能到年老嗰陣，身體已經出現毛病嘅時候就可以慢慢享受返你年輕時嘅努力囉。

苦行大半生
大聲友：阿杏

我今個月就選擇咗題目 A。我今年都 60 歲啦，做咗婆婆喋啦。人生嚟到呢個階段呢，都叫做做過好多嘢啦。有時食飯傾偈，話做過啲咩工，我新抱就話：「都係喎，做過好多工喎！」係喋啦，始終過生活係好現實嘅問題。為咗生活，咁梗係喋啦，咩工都要做啦。總之係可以幫到自己，又要就住自己湊仔女呀，又要顧到屋企呀，顧到嗰頭家。後生嗰陣時，唔係話一定要自己鍾意做嘅先至去做，有時你為咗生活，為咗錢，唔係你鍾意嘅嘢，但係你為咗開飯，都一定要去做。

 人生最輕鬆嘅時候

行到呢個階段，對我哋嚟講，都差唔多算係退休，即係半退休狀態囉。有做，但就冇話好似以前後生咁搏囉。到咗呢個年齡，即係仔女都大咗，孫都有啦，就真係最輕鬆。得閒呢就去約啲朋友玩下，唱下 K 呀，又旅行呀。今年就好經典一年啦，咩都冇得做。除咗開工之後就做屋企嘅「冇錢義工」，其他嘢就咩都唔使做啦，冇得去旅行，又咩都冇得玩囉，係好特別嘅一年啦。

我有陣時坐低同我新抱食飯，都係咁講呀：「講真，人生都係細細個嗰陣時，就講讀書啦。到後來就要不斷咁樣工作呀，後生始終要做嘢，要搏啲喋，咁咪唔會諗咁多嘢囉。都係諗住去返工，照顧屋企。」到咗呢個階段，都有唔同喋喎，係輕鬆好多！

點解呢？嗯，即係人嘅身體呢，雖然唔到你話事，但 60 歲至 70 歲，可以講係最輕鬆。身體又未去到最最低落嘅時候，仲可以撐得住。仔女又大咗，個壓力又冇咁大，想做乜嘢就做。人生最輕鬆嘅時候就係 50 零歲 60 歲打起，一般正常嚟講，係 70 歲先至會變化大啲。而家嚟講，自己做咩都仲可以控制得到。而家我見到好多老人家 70 零歲呢，好多行動呀，同埋各方面呀，都係唔係咁方便嘅。

做人呢，人一世話長又唔長、話短又唔短。你要捱，任何人都要經歷呢個階段嘅。但而家呢個時間係最享受，就要慢慢 Enjoy，享受下啦！捱完之後，其實呢，都有一個叫做出頭啦。

第一次叫我做阿婆

人呢，唔係話要幾多錢先至為之富有，只要自己同自己比，覺得滿足，就得㗎啦，呢啲就係叫做「知足常樂」囉！到咗老嘅時候呢，都冇咩打算嘅，到時都睇環境啦。後生賺到錢，有得儲梗係儲多啲錢比將來養老啦，老來咪唔使咁坎坷囉。

你呢就啱啱先踏入、又未踏入社會，仲讀緊書，唯有勤力啲。古語有一句：「少年不努力，老大徒悲傷。」即係話後生呢，就一定要界心機讀書，為自己將來唔使咁辛苦。你用你 10 年嘅時間，就可以換你幾十年嘅安樂。人，有能力嘅，就可以喺寫字樓揸筆搵食；冇能力嘅，或者好似我哋喺大陸出嚟嘅，就要做啲體力勞動囉。我都好幸運，都算話自己識得做下啲小生意，唔使咁辛苦，都算係咁啦，叫做有個計劃囉。

我舊年呢，啱啱就添咗個外孫。佢開始識得笑，好得意嘅！一見到人呢就笑，好開心嘅。而家呢個疫情，佢成日唔敢來，即係大家都少咗來往啦。呢個疫情呢，好似斷咗六親咁（笑）。佢都有日日同我視頻幾次，今日視頻呢，佢阿媽教佢叫「阿婆」，咁佢就叫「阿──婆──」。嘩，識叫一句！咁聽完之後，聽到佢第一次叫你，就覺得好開心囉！聽完之後，係一件好開心嘅事囉。

後生唔輕鬆，老了更輕鬆。

小聲友 Victoria 回應

我都有個姨甥，由佢出世睇到佢而家讀小學，由佢唔識講嘢，到佢而家識嗌我做阿姨，我明白你感受，嗰下真係勁開心囉！呢排都冇乜同佢視訊，希望疫情好返之後可以見到佢啦。

驚我未夠秤

小聲友：Victoria

今個月的主題係「歲月的童話」啦，我就揀咗第一個：對自己的歲數其實就覺得好處就冇乜嘅（笑）。

難處就係可能啲人會認為：「啊，你咁細個，會不會沒咁嘅能力？」，或者「有沒有足夠嘅能力做到呢樣野呢？」。例如，我而家都有返兼職，想做咖啡師啦。就係我沖（咖啡）畀客嘅時候，佢就可能覺得：「你咁細個，經驗唔夠，會唔會唔得㗎？會不會燙親手？會唔會唔好飲㗎？」其實我覺得歲數唔係重點，係睇下你有無心嘅啫。

都算係半個大人喋啦

有趣之處就係，有時去街市買餸，或者士多、老字號小店買野呢，啲老闆或者老闆娘會話，「阿妹，你食多啲喔！知唔知啊！」，或者「你食咁少夠唔夠㗎？」，有啲就會話，「因為你細，所以要吃多啲快高長大囉。」我覺得其實呢個幾得意。

我覺得我都算係半個大人喋㗎啦，因為都 15、16 歲，但因為我矮，對佢哋嚟講只係一個小朋友，好細好細嗰啲小朋友囉。

呢點都幾有趣，人人對年紀的睇法都唔同。可能 20 幾歲嘅會覺得我係阿妹啊、細妹啊、妹妹啊咁樣啦；30 幾歲的就會覺得我小朋友啲囉。

唔知香姨又對自己有咩感覺呢？好期待你今個月嘅故事呀！

用心做好一件事，別讓人小看你年輕。

大聲友　阿香　回應

你想做咖啡師，有夢想先至會努力，咁係好事嚟嘅。人唔係天生出嚟就識做任何嘢，都要慢慢學呀，吸收人生經驗。仲有呢，食多啲嘢囉，吸收多啲營養，盡量唔好揀飲擇食。

30 年後的我
小聲友：Anson

　　Terry 你好呀，我係 Anson！好高興又到 7 月份啦，上個月嘅故仔就關於「愛情」，而今個月嘅主題又要發揮下想像。「歲月的童話」當中，我選擇 B，嗰條問題就係話：當 75 歲嘅時候，我會點樣過日子呢？

　　就用「衣食住行」呢 4 個方向嚟諗。喺衣服方面，可能好似而家後生，著下波衫呀，著下牛仔褲呀咁樣。我諗到時候嘅衣服款式唔會太大轉變啩？不過記憶起上一輩，佢哋總係唔知點解會揀一啲寬闊嘅衫啦，女性嘅可能會揀啲「阿婆衫」（笑）。我覺得好奇怪嘅，總會揀啲好深色嘅衫，比較有彈性嘅。70 歲嘅時候，可能身體機能冇咁好啦，可能都想著啲闊啲嘅衫。

　　而食嘢方面，好希望到時啲牙齒仲喺度啦。如果唔喺度，到時嘅科技可能有啲堅固嘅假牙，可能仲可以食到牛肉呀、雞翼呀。希望仲可以食到啦，如果唔得，飲食方面可能就要有啲轉變啦，變成食下白粥呀，比較鬆軟嘅肉呀。但係如果嗰個時候，只能夠食啲糊狀嘅嘢，其實個心情都唔係太好。

75 歲時，人生再豐富啲

住方面都好希望同屋企人一齊住，多一份照顧吖嘛。喺屋企，可以種下嘢會更加好囉。老咗嘅時候可能會傾向做下小型農務啩，喺屋企種下蕃茄、節瓜，可以消閒到時間。當見到植物由種子，慢慢發芽，到成長、開花結果，再摘到當中嘅果實，咁滿足感就非常之大。

然之後講行動啦。75 歲嘅時候，希望仍然可以行得走得，如果唔得，可能用下拐杖呀，用把遮篤下篤下。不過到時候可能嗰啲扶行嘅工具都會進步好多，例如輪椅，以前要手動推個輪，而家都可以電動，會比較方便啲囉。

生活習慣方面，之後都有啲唔同嘅轉變。其實而家嘅生活，比起我幾年前，其實都爭好遠。以前我唔識煮嘢食，而家都會去洗下生菜呀，淥下嘢呀，煮下啲雞翼呀，比較簡單嘅嘢食。而家都慢慢開始識煮飯畀自己食，解決咗外賣嘅情況，都算係慳到啲錢。

去到 75 歲嘅時候，我諗人生會再豐富啲。起碼飲食方面可以自己掌握，呢個都係好有趣嘅時間，到時煮嘢食方面可以多啲心得。興趣方面可能都會有所轉變，以前嘅我鍾意去游水，覺得浸喺水入面呢個人嘅身體會放鬆啲啦，啲筋骨就會冇咁痛。但慢慢慢慢唔知點解，對水方面好似有啲唔係好想再去，可能會去跑步機跑步啦，或者去踩單車。去到 75 歲嘅時候，我都希望仲可以踩到單車，雖然以前跌跌撞撞都會受傷。如果有幸可以踩單車，到時候個平衡力可能都會好好嘅。

75 歲嘅時候點樣過日子？都可以同而家嘅長輩有所參考。希望到時仲可以行得走得啦！好，講到咁多先，我都期待 Terry 你講你嘅故仔畀我聽，到時我哋錄音再聚。拜拜！

無論你現在多少歲，也可成為一個啟發，
告訴別人日子可以怎樣過。

大聲友 Terry  回應

你提到喺 70 歲點樣過活，鍾意食咩就食咩，鍾意去邊度就去邊度，可以自由自在生活。的確係件好事，不過就需要健康呀。

六零後的大未來
大聲友：Panda

　　7月嘅主題，我選咗「你對自己的年歲有何感覺？試從好處、難處同埋有趣之處3方面談談」。首先，當然要話畀你知我今年幾多歲先啦，唔係你就感受唔到我同你講嘅嘢係同邊一個年代有關係嘛。我今年61歲，啱啱退休，享受緊「黃金十年」嘅開始。當我50歲嗰陣時我就喺度唸：「我到60歲會點呢？我60歲嘅時候就可以退休，休息一下？」我好努力去實現「黃金十年」呢個夢想，努力之後終於達成咗、開始咗啦。

　　其實一個人到呢個年紀，嗰感覺就話，又唔覺得自己年紀太大，因為睇返啲80歲啊、90歲嘅老人家，我都仍然比佢哋年輕。喺心境度呢，我都仍然保持住一啲比較年輕嘅想法，唔覺得自己係一個老人家。咁當然有時我走去睇醫生嘅時候，後生嘅醫生就會叫我做叔叔。有陣時走去剪頭髮，理髮師會話畀個老人優惠我嘅。咁係咪真係咁老呢？我就唔知啦。咁嘅年紀啦，可能得到啲優惠，咁又係咪一種好處呢？聽聞話下一個財政年度，下降到60歲就可以攞到兩蚊嘅搭車優惠，我估等多一年睇下個情況係點，而家都唔知。

　　再睇返，當然有好處亦都有難處嘅。過咗某個年紀，個就業市場好多時都比較唔係好接受一啲年紀大嘅長者去參與。甚至自己本身身體變化都好明顯，包括免疫力越嚟越弱啦，喺活動嘅能力上面都慢慢開始衰退呀，啲病痛就開始嚟喇，食藥又多啦。呢一啲都發生喺我身上。

買菜都多幾條

會唔會有啲地方係好笑呢？有時都幾得意㗎，一到咗呢個年紀之後，有時去買餸，人哋見到你咁多白頭髮，或者覺得你年紀大，唔多唔少都執多啲嘢畀你㗎，買菜都多幾條啊！有陣時就係有啲唔知咩優惠，就係啲咁嘅好處。我覺得呢啲都係社會對老人家嘅睇法開始有啲轉變，因為早期嘅時候，喺我後生嘅時候，或者早幾年嘅時間，啲人對年紀大嘅好多時都係覺得比較「論盡」呀、「鬧交」呀，唔係好願意去接受。但而家唔同啦，就算老人家自己年紀大咗，都會出嚟做好多其他嘢，譬如義工呀之類。咁開始個社會都好睇重一啲咁嘅長者義工，我哋對自己嘅能力都有啲認可，可以出到嚟幫到手，回饋返社會。我都覺得幾好嘅呢樣嘢。

不過其實呢，長者最重要一樣嘢，就係自己心情開朗。一心情開朗，你做任何嘢都好啦，都容易啲嘅。同人溝通方面，都容易畀人接受到。如果你成日都係埋怨啊、死氣沉沉啊、無乜活力啊，人哋接受你嘅程度都會少咗喇。所以都係要做個快樂嘅老人，你呢就要繼續做一個老實人。

今日同你分享嘅就到呢度啦，拜拜！

天天笑一笑，世界也可被你動搖！

小聲友 Nardo 回應

好欣賞你喺 60 歲之前，已經計劃咗呢個「黃金十年」，透過勤力工作，令到自己 61 歲可以退休，做下一啲自己想做嘅嘢，或者試下做啲 60 前未做嘅嘢。我覺得 60 歲都唔算好老，我爸爸都 67 歲，佢都繼續發展佢嘅興趣，繼續工作呀。其實好視乎一個人嘅心態，同埋身體能力，只要個人心情開朗，正面樂觀，就算呢個年紀都活得精彩，好有動力呀。

跨代學習：歲月篇

「老」是個象形文字，其古字猶如一位手持枴杖的駝背老人。直至今時今日，當人們談起年歲時，似乎依然擺脫不了這種角度，大多從生理角度切入，譬如年長代表行動緩慢，年輕則等於臉上生豆豆。

今個主題收錄的 10 個故事就不同了。聲友們從自身生活體驗出發，述說何謂「老」，何謂「青春」，當中不乏有趣的觀察。談到前者，大聲友 Shirley 留意到兩種心理變化：

一、心境變得平和
「我覺得到咗呢個年紀，最主要係對一啲事情嘅反應，唔會好情緒化。年輕嘅時候，好多時個情緒，或者係個反應，會令到自己好辛苦。而家呢個階段，最大嘅好處就係我心境平和，就算遇到一啲自己唔想見到，或者唔鍾意嘅事情，我會有睇法，但唔會令到自己嘅情緒好波動。」

二、少一點介懷旁人眼光
「到咗而家呢個階段，好多時我唔會好介意人哋點樣睇我。後生嘅，我諗好多人都會經過呢個階段，個心好介意人哋會唔會批評自己呀、好樣衰呀或者畀人笑呀咁樣。我自己啦，而家唔會好似以前年青咁貪靚啦。咁就少咗個負擔，出街可以簡單啲，唔使成日驚住唔夠好睇呀。但我都會留意，唔好太過分，唔係就會變咗好醜。」

122

Shirley 的經驗跟心理學家所說的脗合。人老了，一般會磨平一些性格棱角，心思意念亦會從外面的花花世界轉向內部的心靈空間。

同樣，小聲友青榕對「青春」的見解亦入木三分。她說，這個階段是無憂無慮的：

「過咗呢個時期，以後就冇咁多機會嚟啦，譬如話可能會有工作呀，或者要照顧屋企人，或者有好多濕碎嘢阻住你去做你想做嘅嘢。而家呢個年歲會比較冇乜『抱負』，冇咩責任，即係對我個人而言就冇囉，可以多啲去做自己想做嘅嘢。」

她又認定，青春是一條付出與反饋不成正比的方程式，自己做得好人家會大讚，做得差卻少罵，甚至攞正牌去任性：

「譬如話，有陣時我想任性啲，人哋就會覺得我『仲係細路仔啫，佢任性就畀佢任性啦』，即係人哋會原諒囉。又譬如話，你做咗一件好好嘅嘢，好叻嘅嘢啦，佢哋就可能會話你，『嘩，你咁叻嘅！而家就可以做到咁好！』呢個年歲都幾得意嘅，幾矛盾。你做得錯，人哋唔會特別去怪你；你做得啱，人哋會好鼓勵你。」

另外，不論老的嫩的，統統都有成長任務必須完成。這裡不得不提發展心理學家 Erik Erikson，其著名的理論把人生全程分成 8 個發展階段，年歲不同，面對的挑戰亦不盡相同。對於小聲友們，兩大課題有待回應，分別是「自我認定」（identity）以及「親密關係」（intimacy）。嘉莉是個中五女生，天天準時上課，不過無論人生方向抑或職業志向，心裡始於未有定案。18 歲最困惑她的地方，在於「仲未決定好將來要做啲乜嘢，而家仲喺度思考緊，將來要點發展我嘅人生，搵工作呀之類」。遲了幾年入讀大學的 Kenneth，眼看身邊友人一個又一個開始拍拖，自己卻仍是個孤家寡人，此刻 24 歲最大的難處，「就係要等緣分嘅出現，但自己內心都有矛盾，唔知緣分幾時會出現。」

別以為老了便沒有成長的功課要做，晚年所提交的一份作業，乍看有點沉重。長者會將生命回帶，不時重看又重看，檢視一下自己一生是否好好的活，對周遭又帶來了多少貢獻。

假如回顧後覺得蠻有意思，就達到 Erikson 形容的「圓滿」（integrity）；倘若過去不過是一串失敗，人便自自然然感到絕望。大聲友蘇生似乎相當滿意自己的表現：

「嚟到今日，我都差唔多 70 歲，回憶返轉頭呢，我覺得呢一生嚟講，我可以講 OK 嘅。因為我冇懶過，我成日講自己，我冇偷懶過。由 12 歲嚟到今日 70 歲，事實係我每一刻，真係冇偷懶過嘅，冇話乜都唔做啊。到而家為止，我都係一個好好學嘅人，專去研究、鑽研一啲機器呀、生產呀。咁當然啦，我廿幾歲就已經係一個小老闆，有一間廠，雖然唔係好

大間廠，都叫做有間廠仔啦，可以養妻活兒啦。諗返轉頭，好彩當日我係努力咗，冇浪費時間，冇浪費青春。」

顧好一頭家，亦可教人心裡扎實。大聲友阿香說：

「我今年都 60 歲啦，做咗婆婆。人生嚟到呢個階段，都叫做過好多嘢啦。有時食飯傾偈，話做過啲咩工，我新抱就話：『都係喎，做到好多工喎！』係㗎啦，始終過生活係好現實嘅問題。為咗生活，咁梗係㗎啦，咩工都係要做。總之係可以幫到自己，又要就住自己湊仔女呀，又要顧到屋企呀，顧到頭家。」

另一邊廂，就像人和人皆會有所不同，一代人亦會有一代人的聲音。畢竟，所有人的生命故事都無法抽離於時空開展，我們的個人傳記總與特定的歷史舞台彼此交織。今天，很難想像大聲友蘇生的故事再在香港上演。他 12 歲出來打工，15 歲滿師，17 歲已經獨當一面，成為一位五金師傅。相反，中五女生 Victoria 熱衷咖啡，一心一意沖好一杯，喝的人似乎半信半疑，懷疑她年紀輕輕造詣未夠。時空不同，兩代人身處的大環境亦迥異，舊時香港工業蓬勃，今天則由服務業主導。前者毋須一紙證書，也可靠一門手藝過活；後者講究學歷，求學時期大大延長，欠一張沙紙等於少一張入場門票。更有趣的是，兩代人成長經驗不同，擁抱的價值觀也不一樣。蘇生強調拚搏就會成功，這種典型的獅子山下精神，在機會變得愈來愈少的今天，未必能在 Victoria 身上體現出來。

當然，我們既是時代的產物，但也同時可以活出不一樣的生活。由日本心理學諮詢師岸見一郎撰寫的《變老的勇氣》一書，提出不少嶄新的視角看待晚年。變老，一般的印象都是身體機能逐漸走向下坡，年紀愈大失去的愈多。可是作者提醒：「不要『扣分』，而是用『加分』過日子。」走多了路開始喘氣？現在你的身旁多了友伴一起散步。步履不復當年快速？這就可以慢下來欣賞一下路邊的小花了。無獨有偶，小聲友 Anson 對老的想像相當積極，符合了上述的加法原則。現在的他只曉得一鑊熟的烹調方法，但他深信 75 歲時廚藝會豐富起來，到時煮食方面「可以多啲心得」。甚至乎，他臆想自己老了時間鬆動，或會當起都市農夫。「當見到植物由植子慢慢發芽，到成長開化結果，再摘果實落嚟，滿足感就非常之大。」

　　這種加分眼光有助我們重新檢視晚年。其實，生命不少東西都會隨年紀增加。我們的人生閱歷豐富了，大可一如大聲友譚生，當個說故事的能手。我們的時間充裕了，又可投入更多時光守望至親，宛如大聲友阿香和 Shirley 間中跨代照顧。我們一生受到了諸多祝福，是時候拉闊愛的人，多多參與義務工作，如同大聲友 Panda 和蘇生一樣。

八月：
幸福

何謂「幸福」？我們先從中法兩國用字窺探一下端倪。在舊時中國人的心目中，擁有「一口田」就等於「福」了；而在法國，「幸福」一詞由「bon」和「heur」兩個字合併而成，前者解「好的」，後者解「時間」，加起來相當於「美好的時光」。如此看來，幸福既可牽涉物質（例如「一口田」），亦可超越物質（例如「美好時光」）。其實，我們不難認同，何謂「幸福」，除了因地迥異，也會因人而異。看在小朋友的眼裡，吃一個甜甜圈就是幸福；從成年人的角度，遇上一位好伴侶宛如找到一條幸福的鎖匙；作為一個長者，聽到兒女一個問安已可甜足半天。更大的喜訊是，就算物質不太豐盛也可快樂。根據近年一份由聯合國撰寫的《世界快樂報告》，非洲不少國家出現一個矛盾的現象——窮，但快樂。報告指出，非洲人樂於守望相助，相信邁向「幸福」不能單靠一己之力，乃要合上眾人之力。此外，信仰亦成為一種助力，提醒他們就算遭到不快，心裡也可常存喜樂。是時候到你說說何謂幸福了！

請選擇 A 或 B 作 5 分鐘的回應。

選項
A

你看見幸福了嗎？
為什麼？

選項
B

你一生中最快樂的
一天是怎樣的？

比比皆福

小聲友：Kenneth

　　8月嘅主題係「你幸福嗎？」我覺得自己都算幸福嘅，因為我覺得自己而家 20 幾歲，仲有青春去追求理想。我嘅理想就係做一位受人尊重同埋專業嘅社工。我覺得唔係人人都有機會喺 20 幾歲嘅時間可以認清自己嘅方向，有機會去追尋自己理想。我覺得自己哪怕用多幾年時間，但都有呢個機會去成為社工，為呢幾年去裝備自己，其實都係值得囉。雖然呢個過程都會好辛苦，例如嚟緊 9 月，去到 12 月尾都要去一間長者中心實習，一星期實習 3 日，有兩日中午就返學，即係總共有 5 日返學或者實習嘅時間。所以呢 4 個月就會比較辛苦，因為返實習可能好多文件要寫，同埋要幫長者搞一啲活動，都要花一啲心思去諗。但係我覺得，如果克服咗呢啲困難，將來就會覺得自己喺呢 4 個月有所成長囉。既然我有呢個機會去實現自己理想，我覺得其實自己都幾幸福，因為唔係人人都有時間或者機會去實踐自己嘅理想，可能有啲人渾渾噩噩咁樣過咗一世，未必追求到自己嘅初心目標嘅。相比起佢地嘅話，其實係好幸福啦。

　　咁其次啦，我有一個完整嘅家庭。即使我都係住公屋，唔算話特別富有，唔係話小康之家個啲，係基層再上少少啦。我有一個完整嘅屋企，有一個完整嘅環境，唔使話淪落到住劏房或者板間房，我覺得都好幸福啦。雖然唔係話大富大貴，但係有一個正正常常嘅環境畀你住，屋企環境都 OK，屋企人相處上面都相對融洽。雖然有時都會有啲拗撬啦——係囉，為啲小事而拗撬啦——但係我覺得屋企人陪伴你一齊都係幸福嘅一種囉。

唔健康，什麼都休想做

　　另外點解我覺得自己幸福呢？即係除咗可以追求自己嘅理想，同埋有一個完整嘅家庭，其次身體健康都係一個幸福嘅元素。我由細到大個身體都比較瘦削，細個嗰時到而家都係啦，所以呢幾年都 keep 住做 gym 呀健下身咁，強身健體等自己身體強壯啲。我身體其實都算強壯，比較少病痛呀，少啲傷風感冒呀睇醫生嘅情況，所以我覺得都係應該要感恩同埋係一個幸福嘅元素啦。你有健康嘅身體，先會做到自己想做嘅嘢。如果你個身體唔健康，就算你有好多新嘅構思好多嘢想去做，例如讀書或者返工啦，你都無能力去做，因為你連一個健康嘅身體都無啦。我好感恩啦，雖然身體唔算話好大隻個啲呀做完 gym，但係自己有一個健康嘅身體同埋都少病痛，我都好感恩啦。我覺得唔係必然，有啲人一出世就已經有啲先天性嘅疾病，對比起佢哋其實我已經好幸福。

　　我知道香港有一群比較基層嘅人，居住環境比較惡劣，或者身體狀況比較差啦，對比佢哋嘅話，自己都會有一個感恩嘅心態，覺得自己健康幸福，其實唔係必然囉。好多謝蘇生你咁有耐性聽我分享今個月嘅主題啦，我哋嚟緊下個月再慢慢傾下大家嘅諗法啦。拜拜啦蘇生！

開眼張望世界的需要，然後做一件件小
事，為人家帶來一個個小確幸。

大聲友　蘇生　**回應**

知道你而家做緊實習社工，希望你繼續努力，畀啲
心機。始終都係，後生要學多啲嘢，如果你擺個心
落去，將來個前途就無可限量，因為你哋年輕嘛。
知道你一家人都幾好，要好好珍惜，一家人能夠一
起生活係好開心嘅。希望你繼續學習，繼續成功！

你也要幸福
大聲友：Sasa

　　今期講「幸福」，咁我覺得自己都算叫做幸福啦，雖然呢，每一個年齡所追求嘅幸福唔一樣。細個嗰陣時，有飽飯食，有得玩，就已經係幸福。到大一啲嘅時候，就希望攞到好成績啦，有朋輩支持啦，咁就係幸福。跟住再大啲嘅慾望又強啲啦，又要事業有成啦，又要可以周圍去玩啦。再大啲呢，就係你有一個能夠知己相知，能夠同你同行嘅伴侶，就係幸福。再遲啲呢，就係有仔有女，聽聽話話，咁就係幸福。咁呀，我所有嘢都達成咗啦，未夠 75 歲我已經完成晒，我覺得自己好幸福。

　　但係幸福呢，就唔係必然嘅，幸福係一定要自己去爭取。我亦都覺得係一啲嘅緣分，我同我先生相識係緣分啦。我啲仔女初頭都未必係咁聽話嘅，都係要經過大家嘅磨合。同我嘅伴侶要磨合啦，同我啲仔女要磨合啦，大家都要作出一啲嘅犧牲、妥協，然後先至係幸福嘅。

　　我嘅學業唔係咁一帆風順，我好多時都係落後於人，經過起起跌跌呀，咁先至能夠攞到好好嘅成績。跟住就好順利咁樣入到政府啦，呢啲都係誤打誤撞，我諗都係幸福啦。我之前都冇諗住入政府嘅，成日都想走返出嚟，結果就係一做就做咗 26 年，直至有個肥雞餐出咗嚟，咁就提早退休，睇住個反叛嘅女啦。

反叛女變奮學青

　　好多時啲人呢，覺得我能夠喺逆流中咁樣走出嚟，返去照顧家庭係幸福。但係呢，有苦自己知啦，你由一個事業型嘅衝衝子，返返嚟面對一啲你自己唔熟悉嘅、火辣辣嘅反叛女兒，其實係要經過好多學習、退讓，同埋唔同嘅研究去磨合。終於我個女都能夠，即係過咗佢嗰個叛逆期，呢個就成為我一生人覺得最幸福嘅日子。因為都諗住佢讀唔成書，結果喺我嘅陪伴同埋努力之下呢，佢呢，真係成個變晒，變返一個奮學嘅青年。而家呢就結婚生子啦，係啦，我都覺得呢個係幸福。

　　但係呢，幸福唔係必然嘅。最近佢就好開心，有咗 BB 啦。但係就因為身體唔好，咁呢就作小產，反反覆覆。又試過好危險啦，經常發燒，喺呢個疫情期間發燒都係一個好嚴重嘅警號嚟嘅。成日都好驚，大家都好擔心，我呢就好似呢匿喺海浪入面一條船咁樣六神無主，因為呢個唔係我能夠控制到嘅。真係病魔嚟嘅時候，你除咗平時去鍛煉自己嘅身體之外，啲病菌你都唔知道幾時入侵你，醫生都束手無策，唯一嘅就係靠自己。好彩我個女終於都度過危險時期，而家就出咗院，喺屋企臥床休息，咁我就已經覺得非常幸福啦。

 追尋幸福，踏前一步有時，後退一步有時。

 小聲友 Hilton 回應

聽到你個女作小產，返咗屋企出咗院，臥床休息，真係好替你開心。始終度過咗危險期，尤其喺疫情咁嚴峻嘅時候，能夠健康，一齊平安，其實已經好好。希望佢可以平平安安吖！

返學有咩好怕！
小聲友：嘉莉

　　我而家心入面最快樂嘅一日，就係好似平時咁樣返學啦。去到學校，見到自己嘅好朋友，同佢哋傾偈傾得好開心啦，無啲討厭嘅人嚟阻住，好似老師，因為我哋喺早上集隊之前嘅等候時間傾。無人阻住，無人插嘴，所以快樂啦。

　　跟住上課室，喺 4 樓，爬樓梯都有啲辛苦。返到課室之後就係班主任節，完咗就開始上堂。我係選修，我其中一個朋友同我一樣選旅遊科，佢坐我隔離，我哋傾偈啦。做作業嗰陣，我唔識嘅我朋友總係會教我，或者畀我睇佢點做，有時候我問佢問題佢都會答我。

挨住欄杆傾下偈

　　之後小息，從選修科返到房入面擺低嘢，就去另一個課室門口搵朋友玩。我哋會挨住欄杆，趴住扶手，望住風景傾下偈，跟住就慢慢多咗啲朋友過嚟傾下傾下偈呀。

　　有時候會有師妹上嚟 4 樓，我哋關係唔錯，跟住一齊傾偈呀玩呀。如果超級得閒無咩特別嘢做就會去圖書館睇書啦，我哋同圖書館個 miss 超級 friend，會傾一啲關於學習嘅嘢呀。Miss 去過唔同地方旅遊，傾下旅遊啲嘢呀，跟住又可以喺圖書館識到唔同嘅師妹。同佢哋喺圖書館傾偈傾得好開心，雖然係一啲無謂嘢，但係都會好開心。

之後午膳，我哋中午係出去買嘢食，集一堆好朋友出去買。學校附近有 7-Eleven，學校有小食部，我哋經常換地方食，聚埋一齊傾下偈。我有一個好鍾意嘅師姐，所以我每一次基本上都會去小食部去同個師姐傾偈，雖然係聽師姐講嘢，我都會覺得好開心。咁樣平常嘅傾偈都會覺得快樂。

 盡全力跟男生切磋

上完堂放學，我有課外活動，會去禮堂打羽毛球，同老師呀、師姐呀、師妹呀切磋。偶然會有個同級嘅男仔嚟幫手，唔知點解佢會拎到個允許，老師畀嘅。佢都會嚟幫手同我切磋，但係我算啦，同佢打我都幾開心嘅，可以盡全力。

呢個就係我人生入面最開心嘅一日啦。

 今天就找一位老朋友好好閒聊一下吧！

嘉莉妹妹，你好啊！你鍾意同老師同同學仔傾偈，有陣時去圖書館睇書，不停學習，其實係好好嘅。點解呢？因為圖書館有好多益智嘅書，好好睇。我覺得一本書裡面有好多嘢學，我會叫佢做「啞巴老師」，因為佢唔識講嘢，要自己去睇，去領悟，去理解。喺呢度我就祝你，日日都咁開心，將來出到社會做事遇到更多開心嘅事情！

幸福的必需條件
小聲友：Hilton

今個月嘅題目呢就係「幸福」，唔知道你覺得你嘅幸福係點，我相信我就無特別對幸福有好大嘅感覺。可能係我經歷得未夠多啦，因為我覺得有好多嘢係需要對比出嚟嘅嘅，即係你嘅人生唔可能只有鋼琴上嘅白鍵，亦都需要有黑鍵去互相襯托先會係你嘅人生曲啦。我相信白鍵如果代表住開心嘅話，咁黑鍵可能就代表唔開心。有一啲嘢要互相比較、互相襯托先會顯得出當下係開心定唔開心。如果你一直都 keep 住好開心，保持住好愉快嘅心情，我相信幾開心嘅嘢可能都會淡咗幾分，所以我都唔肯定我係咪真係已經經歷過幸福嘅時間啦，但係我相信我絕對唔係不幸嘅一群。

幸福要建立喺健康社會上

咁我其實係咪睇到幸福呢？我相信呢一年經歷過社會嘅運動啦、政府嘅管治啦、疫情啦、疫情嘅回應啦等等呢啲方面，我相信都無咩邊個會話呢段時間會係幸福嘅時間，我亦都相信咁樣嘅模式會係一個幸福社會嘅必備條件。所以如果你問我係咪已經見到幸福呢，未嘅，我覺得未見到幸福嘅。不論係自己定係社會，我相信我嘅幸福係要建立喺一個健康嘅社會上。喺一個運作唔健康嘅社會上，我相信我嘅人生都唔會係好幸福啦，但係我相信喺好多人嚟講我唔算係不幸嘅一群啦，至少我到今日都仍然活著，仍然堅守住我自己嘅路。

我相信我都有快樂嘅時光，但係你話係咪睇到幸福呢，我諗我係睇到感動囉。就好比有好多事情發生嘅時候，你會發現原來一直以為香港人只係金錢嘅奴隸，香港唔係一個民族，因為香港無文化無語言，但係可能喺呢個社會運動裡面，我發現原來人都會有一啲好光輝嘅一面喺喎，原來人都會有佢哋嘅熱誠，哪怕我哋係一個對金錢好注重嘅城市。我唔否認我哋係對金錢可能好注重嘅，始終都係一個國際都市啦，股市嘅三大巨頭之一啦。咁所以係咪就剩係對錢有歸屬感呢？我相信經歷過今次，可能大家對香港呢一個地方都係好有歸屬感囉。

唔信善忘就是福

人生中最快樂嘅一日我相信我係未完全經歷到，始終我都只係 20 歲啦，咁可能好戲在後頭。有啲嘢都需要時間嘅歷練同沉澱先會顯得出我當初嘅快樂。有啲人話小朋友就係好快樂、好幸福嘅時間，因為無知就是福，但係我相信去到我咁大個嘅時候，或者我會比較寧願我清醒住咁好辛苦咁活著，都唔會係希望好無知咁快樂著。始終有啲嘢你係避唔開、躲唔過，若果你一直都困喺一個無知嘅世界裡面，其實都可能係另一種可悲。我唔肯定快樂同幸福係咪一個等號啦，但係我相信幸福嘅其中一個元素就係你活得快樂，我相信我哋亦都會向住呢個路一路走啦。

沒有黑鍵只有白鍵，鋼琴不再是部鋼琴；
沒有哀愁只有快樂，人生不再是個人生。

大聲友 Sasa **回應**

Hilton，係我 Sasa 呀，又喺空氣裡面同你交流。
收到你嘅錄音，感受到你對幸福嘅迷惘。真嘅，我
都係生活喺幸福之中而不自覺。社會運動同埋呢個
疫情，令到個世界變咗好多。我哋唔知道將來會係
點，但我希望大家都能夠平安喜樂，希望我哋一齊
都有個好好嘅將來，希望好戲在後頭，呢個世界會
一路一路美好，大家要堅持啊！

回憶的滋味
大聲友：蘇小小

8 月嘅題目，我揀 B：你話人生最快樂嘅一日係邊一日？

我覺得我每一日都咁快樂，但係邊個時候最快樂呢？我深刻印象就有 3 個：

第一個係我細個嘅時候，我自己同我婆婆、兩個舅父一齊住。我嘅大舅父好錫我，每一晚放工，不論冬天、夏天，我都有嘢食嘅。佢好得意㗎，知道我鍾意食朱古力同埋呂宋芒，就喺嗰個季節，會例牌咁買一排吉百利朱古力、果仁朱古力、一個呂宋芒果。我細個嘅時候，我記得嗰個芒果係好大個嘅，好香、好甜。

 ### 調皮少女期

第二件快樂事，係喺我自己出嚟呢個社會做嘢時發生。同埋 3 個工友夾著係鄰居，一個住上面 7 樓，一個住下面 4 樓，我哋同埋一間工廠做嘢。咁有一日呢，我哋放工，我哋話唔好搭車，行路返屋企啦，將嗰啲車錢加多少少出嚟去買嘢食。嗰陣時我哋好為食嘅，咁買咩食呢？我就提議去燒味檔斬叉燒食，嗰檔叉燒係好好食㗎。我哋做嘢嘅地方就喺新蒲崗大有街，放工之後沿住大有街一路行，行過球場，就去到黃大仙。黃大仙嗰陣時係舊區，樓下有啲大排檔呀、燒臘檔呀、雲吞麵檔呀，好多好多檔。喺黃大仙警署對面，有一檔燒臘檔，啲燒臘好好食。我哋斬，買 5 蚊。

嗰陣時 5 蚊好多㗎啦，我哋一日嘅人工都係差唔多㗎咋，我哋車野。我哋一人買 5 蚊叉燒，點樣買呢？我哋話買 15 蚊叉燒斬開 3 嚿，唔使佢切碎，咁就一人一嚿，一路行一路食。

咁呀食食食，食到去摩士公園，轉返上去就係我哋自己屋企，喺橫頭磡。行到去摩士公園對面有架巴士，九龍巴士公司嘅。嗰陣時啲巴士係趟門嘅，啱啱呢個司機就坐咗喺揸車位到，上面下面都無人，停咗喺度可能係休息或者準備返廠咁啦。賣飛嗰個呢都唔見，無人喺度。咁佢車頭開咗門，車中間又開咗門，嗰陣時我就好貪玩嘅，就同兩個工友講，我話：「你信唔信我喺車頭上，就喺車尾落返嚟呀？」佢地兩個唔信，點解呢？因為上面有個司機喺到。咁我話：「唔驚㗎，好好玩㗎。」果然呢我就真係喺車頭嗰到上咗去，就喺車尾嗰到落返嚟。個司機望住我，佢無鬧我，跟住佢兩個呢就喺到笑啦，笑到呢，講句唔好聽俗啲嘅說話，就係話笑到尿都瀨埋！

嗰陣時我哋十零歲，十零歲係最調皮，乜都想試，乜都鍾意玩嘅。即係少女期呀，我哋有好多趣事嘅，不過呢到就唔講咁多啦。

錫錫媽咪

咁第三件呢，去到自己慢慢慢慢成長，結咗婚啦生埋小朋友，到我個女結埋婚啦，個孫出世啦，我就幫佢湊個小朋友。咁有一年年初三，我話赤口唔可以去拜年啦，上去探個女同埋探個孫啦。點知我個女唔識湊，嗰一日呢就係比較凍嘅，咁你估佢點呢？佢

將個小朋友好似紮糭咁樣，我上去見到，兩張被捲住個仔，又幫佢戴帽。你估佢係邊度呢？擺咗個仔喺自己張床嗰度瞓覺，呢個唔係問題啦，但佢又開埋個暖爐比佢喎，焗到佢呢，佢又唔識講啦細個。我上到去見到咁樣樣，我就對住個 BB 話，我話淒涼囉，我話媽媽焗死囉，咁熱，我話婆婆入到嚟都覺得好熱！哎呀，咁我咁講，我個孫嗰陣時好細個㗎咋，我諗佢係有五六個月度啦，佢聽到我咁樣講識得喊呀。我見到就話陰公囉，我話婆婆幫你剝咗一啲被啦，咁就掀開張棉胎，咁呀剝咗一張包被，咁呀抱起佢。佢未曾喊過嚟，我第一次見佢喊咋。咁同佢傾偈，同佢玩，咁佢就無嘢喎。我就覺得，啊，呢個孫咁細細個都識聽我講喎，咁之後我一路湊佢期間呢我就會同佢傾偈，教佢啲嘢。

咁有一日，我就教佢錫錫。佢啱啱識行，點樣教呢？我就兩隻手磅住佢兩塊面豬仔，跟住我話：「BB，錫錫。」教佢錫，用我個嘴錫佢個嘴，咁話錫錫、錫錫。哎呀，原來佢真係識㗎。有一日夜晚黑，食飯嘅時候，個女就叫我出去旺角嗰到食意粉，同埋食 pizza。出去啦，咁我同 BB 講，一陣間見到媽咪呢錫錫，錫錫咁得㗎啦。跟住個女嚟到，我哋擺咗位。咁我話同媽咪坐，有張長櫈，咁放佢喺嗰度，佢真係坐低。放低無耐，我同個女講：「你個仔呀，識得錫錫㗎。」個女唔信，我就同個孫講，我話：「BB，錫錫媽咪，錫錫。」咁佢真係識得去錫佢，我見到佢咁樣樣，我自己就真係好開心，跟住個女都開心。

所以呢，一個人唔好同人比，唔好去計較，咁呢你個人生每一日都過得好快樂，我自己而家都覺得我自己日日都好快樂嘅。

 每個人心裡都有個回憶之鄉，別忘久不久回到那裡，回味一下那些年的調皮事。

小聲友　嘉莉　**回應**

蘇小小，聽到你分享快樂嘅日子後，我都好開心。令我印象最深刻嘅，係你同你嘅孫互動，我覺得真係好得意同埋有趣。個孫聽得明你講嘅嘢，會回應你，懂得同你傾偈呀。如果我將來有小朋友，或者有小朋友嘅小朋友，會唔會咁樣呢？會唔會發生呢啲咁有趣嘅事？聽到你分享後，會覺得人生仲有好多快樂嘅嘢等緊我去體驗！

環港生日會
大聲友：Ivy

　　阿普，今個月分享最快樂的一天，其實諗返起有好多好快樂嘅日子，我就選擇上個星期二 8 月 25 號。大女對我嘅丈夫、佢嘅爸爸話：「8 月 25 號你記唔記得係咩日子呀？」佢爸爸反問：「係咩日子呀？」阿女就話：「係你老婆生日嘅日子囉！嗰日畀佢放寬，畀佢放假休息，畀佢空間。」

　　嗰日朝頭早，我哋一家三口就喺附近嘅餐廳食早餐。自從疫情之後，已經好耐好耐無一家出外食早餐啦，雖然只係 3 個人，但係因為限聚令，都要分開兩枱嚟食。食完早餐，大女就同我出九龍，因為佢報咗一個陶瓷班。大女都叫咗住喺附近嘅妹妹同埋妹夫返嚟，同爸爸一齊喺屋企 home office，同埋幫佢爸爸買咗個午餐飯盒畀佢食。

🌑 生日放寬令

　　相信係受疫情嘅影響啦，加上係平日，陶瓷班開頭只係得我哋兩母女學習，一個老師教我哋兩個。後來做到一半，一對比我哋更加年輕嘅母女嚟到。個女其實只有小學，佢媽媽無學，只係為個女影相打卡。原來一位嘅費用呢都要 400 蚊，兩位就平啲啦，一般嘅媽媽會覺得好貴囉。我相信呢個媽媽好錫個女，同埋我諗佢哋係中產家庭先至有能力咁樣去付出。如果唔係我個女出錢，我都唔會報名參加啦。

我第一次做陶瓷，老師話要不斷加水喺陶泥上面，唔可以畀佢乾。加水時個轉盤不停地轉，啲水花都彈到手臂上面。因為要彎身呀，所以額頭上都有一啲啲嘅點點嘅陶泥啦。陶瓷嘅大小形狀全都控制喺你手上面嘅力道，我哋最後做咗一個碗。當然要有老師嘅幫助先至能夠完美。仲可以自己選擇顏色，老師會幫我哋燒，一個月之後就可以拎個製成品啦。

　　做陶瓷嘅體驗呢，你夢想或者你想做自己手上面嘅作品，需要時間啦、耐性啦、溫柔啦、專注先至能夠完成。另外有需要嘅時候呢，係要請求幫助。

重溫媽咪時間

　　完咗陶瓷班之後，我哋經過商場，見到有渣哥嘅食店，於是買咗 30 蚊魚蛋、蘿蔔豬皮，就企喺店舖旁邊，企喺到拮嚟食。呢個情景使我諗起阿女細個嘅時候，我哋有「媽咪時間」呢，就係兩個人嘅約會時間，母女二人一起去街或者玩啦。

　　跟住就到中區 IFC 嘅餐廳平台食二人 tea 啦。平台呢係可以見到維港，行出商場，嗰度陽光係非常之猛烈嘅，但係我仍然感受到海風吹嚟嗰種涼快、嗰種舒服。腦裡面就出現咗個思想，就係日後可以多啲同丈夫出嚟行下嘅，香港仍然有好多靚景，同埋好舒服嘅地方。餐廳同一般嘅佈置好唔同，所以嚟嘅食客都係一定會打卡，有啲人打卡打咗 20 分鐘都有多啦，甚至啲食物放低喺到好耐好耐佢地都唔理，甚至有啲人打完卡啲食物完封不動就離開啦——我真正見識到現代人嘅嗰種生活模式！呢個係我哋嘅午餐，3 層嘅小甜品，當然畀我哋全部食晒啦。

接近黃昏時，我哋就坐巴士返屋企，咁已婚嘅女同女婿都一齊食外賣飯餸啦。今日嘅社會能夠一家人起埋一齊食一餐飯呢，都唔係一件容易嘅事。今年我嘅生日由新界、九龍、港島都去咗啦，過咗一個充實、快樂、不一樣嘅生日。欣賞我個女細心嘅安排，顧及到父親嘅感受，又體恤我嘅辛勞啦，個心實在呢係甜絲絲嘅。瞓覺前呢只有我同阿大女喺個廳，我錫咗佢一啖多謝佢今日嘅安排。

阿普，到呢到為止先，下次再傾，拜拜。

不要容讓年齡為你設限，今天就試試體驗一件新鮮事吧！

小聲友　阿普　**回應**

原來 8 月 25 日係你生日，大女帶你出去九龍上陶瓷班。相信你而家已經將個陶瓷碗帶咗返屋企，唔知你滿唔滿意呢？喺疫情底下，其實想見個面、想同枱食飯都好困難。聽到你嘅行程相當豐富，由新界去到九龍再去港島，從你嘅描述，可以感受到你嗰個充實啦、好快樂啦，同埋你心裡面甜絲絲嘅感覺！

跨代學習：幸福篇

我們的社會建基於一個假設上：財富增加，幸福愈益增加。

無可否認，很多數據一一指出，富國的人毋須憂柴憂米，一般比窮國的人快樂。不過，有經濟學家提出一個悖論（Easterlin paradox），原來當生活質素達到一定水平，再多的財富或者物質，並未能使人的快樂指數有所提升。例如，香港人在 2020 年的人均收入全球排名第 18 位，但幸福感卻滯後至 75 位。反觀菲律賓，當地的人均收入沒有什麼耀眼之處，排在全球 128 位，可是他們比港人快活，剛好躋身全球 50 大。簡單的說，有錢並不保證快樂。

那麼，幸福的鑰匙何處尋？小聲友嘉莉或可讓我們看到一些端倪。這位中五女生在「返學有咩好怕」的故事裡，介紹了自己人生最快樂的一天。任憑你怎樣猜，大概也估不到，故事居然在校園內上演，兼且發生在平凡的一天。嘉莉不是書獃子，返學最渴求的不是知識，而是搭訕。所以「傾偈」二字，在她的故事裡出現頻率極高，無論排隊、上堂、轉堂、小息抑或放 lunch，「吹水」永沒停。有說，一般人交談，三分二的談話內容都是無關痛癢的，若不是無無聊聊的話。儘管如此，人依然說個不停，內容次要，要緊的是當中一份感覺，一份人與人互相聯繫起來的微妙感受。

幸福，可在關係中遇上。其中一條蹊徑，大可不假外求，從至親的關係裡即可通往。大聲友蘇小小和 Ivy 就是明證。先說蘇

小小，外孫自小由她來當個跨代照顧者。一天，還在孫兒牙牙學語時，她教曉他做出「錫錫」的動作，簡簡單單一個片段，夠她凝結成一輩子的回憶。同樣，大聲友 Ivy 近年一次生日，成年的大女為她精心安排一個港九一天遊。她帶媽媽初嚐陶瓷班的滋味，再手牽手前往 IFC 食 tea，一邊享受海風，一邊瘋狂「打卡」。當天，Ivy 彷彿重溫了跟女兒在小時候偶爾共度的「媽咪時間」，即兩人舊時約會逛街的好時光。Ivy 甜絲絲，當晚臨睡前忍不住錫了囡囡一啖。

可是關係如水，既可盛載快樂，亦可翻倒幸福之舟。其中一種風浪名叫「比較」，小則令人情緒起伏，大則害人喪失理智。好比成功，大部分人都沒閃閃發光的成就拎出來示眾，就算有，只要參考點一轉移，不難秒速找到比自己更優秀的人，換來心裡酸溜溜的不是味兒。而且，有人存在便難免出現對照，所以勸人「唔好同人比」，恐怕說易做難。也許，更值得探討的是，如果比較乃是人之常情，我們可否比得健康一點？

小聲友 Kenneth 和 Nardo 的故事深具啟發。在「比比皆福」裡，Kenneth 將自己的求學、住屋以及體魄擺上磅跟人秤一秤。要多花幾年追求夢想嗎？他以為總比一世渾渾噩噩的人好。只是落戶公屋？已經好過住劏房或者板間房了。做 gym 始終練不成渾身肌肉？現在擁有健康身體，比天生殘疾的人幸運多了。心理學家說，像 Kenneth 一樣「向下比」（downward comparison），人會快樂一點。的確，向上比容易讓人發現不足，向下比則易察覺有餘。

另一種良性比較在於自己跟自己比。準確一點說，是今天的我更勝昨天的我。閱讀 Nardo 的故事，予人一種生命不住向前邁進的印象。他跟 Kenneth 同是「遲熟的人」（late bloomers），走的路比一般年輕人迂迴，多花四五年才能完成學業。此刻，Nardo 圓夢成了一位註冊社工，然而他沒止步，反倒繼續進修，準備修讀認知障礙和園藝治療相關課程，好讓自己在老人服務的領域做得更好。當時下的青年說要「做自己」，Nardo 似乎更要「做更好的自己」。

　　當然，我們可以自求多福，但單靠一己之力，始終會力有不逮。畢竟，人生這場戲，除了有你我他和她不同的演員，還有「社會」這個大舞台。假如一個人身處一個幸福社會，個人幸福自然更易成就。當中，政府的施政水平攸關重要，直接左右民生，深深影響我們生命的選項。難怪，小聲友 Hilton 在「幸福的必須條件」如此感慨：「我相信呢一年歷過社會運動啦、政府嘅管治啦、疫情嘅回應等等方面，都無咩邊個會話呢段時間會係幸福嘅時間。」

　　外國一個有關氣候變化的研究呼應了 Hilton 的話。在 2021 年底，一個橫跨 10 個國家的大型研究指出，年輕人對氣候變化一事顯得十分憂慮。報告收集了一萬份年齡介乎 16 至 25 歲青少年的問卷，當中百分之 60 的受訪者表示非常或極之憂心，另有百分之 45 人反映，這種焦慮甚至影響他們的日常生活。談到將來，四分三的年輕人覺得未來的日子相當可怕，更有逾半（56%）認為人類註定走上滅亡。研究員強調，這種「氣候焦慮」（climate anxiety）不能歸咎於媒體鋪天蓋地的報導，反倒與政府應對氣候

變化的態度掛鉤。他們發現，一國的政府愈是不作為，一地的青少年愈感焦慮。

最後，閱讀大聲友 Sasa 的故事，讀者不難讀到另一個限制幸福的因素。原來，自己好是不夠的，要是身邊人不好，我們的感受還是不太好的。Sasa 形容自己一生一帆風順，想要的亦已得到了。然而，唯一牽動她情緒大起大跌的人，就是近在咫尺的女兒。囡囡年輕時反叛，後來好不容易懂事過來，當 Sasa 以為往後的日子可以了無牽掛，怎料女兒妊娠時作小產，還要在疫情最嚴峻期間發燒入院。那刻，大家憂心忡忡，怕孩子保不住了。Sasa 的故事說明，幸福是個眾數，我們不僅與人同活，還需與人同樂，亦即自己的需要得到滿足的同時，別人的需要亦需得到滿足。若從另一個角度反思，為人而活（live for）所帶來的滿足感，或比只停留在與人同活（live with）的境界為高。

此刻，假如你一直覺得自己不屬於人生勝利組的一員，但願上述聲友們的故事，可以說服你以下一個事實：儘管幸福需要一定程度的物質條件，但當中更深邃的含意，包括了更多非物質性的東西。對於後者，人人皆可有所投資從而致富起來。

九月：

智慧

我們一起做個不太科學的估算。我想問的，是你認識的人當中，名字裡包含「智」字的人多，抑或「財」字的人多？於我，前者不難找到一個個例子，後者則寥寥可數。不過，或許你的答案不盡相同，尤其上一輩人的生活環境較為艱難，替兒子起名時的考量亦迥異。名字是父母對子女的祝福，這樣看來，珍視智慧的人比渴求財富的人多一點吧。

至於「慧」字，古人的理解意外地清新雋永。「慧」字由「彗」和「心」組成，「心」字毋須多解，而「彗」字則有兩種解讀，一個指眾多茁壯成長的禾苗，另一個示意手持掃帚掃地。第一解很有一種深耕細作的韻味，第二解則禪味濃濃，寓意在心裡拂去俗塵，明心見性。

請選擇 A、B 或 C 作 5 分鐘的回應。

選項 A　形容身邊一位智者。

選項 B　這些年來，你在待人接物上有否轉變？

選項 C　談談自己最有智慧的一個抉擇。

我是（-ed）小公主

小聲友：Tina

Hello 慕潔你好呀，我係 Tina！之前咪同你講過，話我性格同而家好大分別嘅？嗯，等我同你講下有啲乜大分別啦。以前我最大問題就係發脾氣，成日都發脾氣，基本上有啲咩唔鍾意就發脾氣。點解？其實係囉，控制唔到自己脾氣，咁咪發囉，同埋自己仲細嘛，可以有人就，所以咪發囉。呢個係我以前發脾氣唔覺得係一個問題嘅睇法啦，同埋我都只係發脾氣啫，又唔會話傷害人哋呀咁樣。最多都係我想食嘅嘢我食唔到，或者可能我肚餓無飯食我發脾氣，或者可能放假好想出街但係又無得出我發脾氣，即係都係啲好濕碎嘅事。

 為濕碎事發脾氣

以前就係咁囉，三四年前度啦我諗。係啦，大概就係啲 24 小時發脾氣嘅女仔。其實媽咪都有同我講過：「女呀女，你咁樣成日發脾氣唔得㗎喎！」OK 啦，佢間唔中都會同我講，但係呢啲嘢你永遠都聽唔入耳㗎嘛。我發脾氣，係因為知道啲人成日哦我，佢哋唔介意我發，同埋我唔會傷害佢哋就 OK 啦。咁都係發下脾氣啫，又唔會少忽肉嘅係咪先？只不過係我可以更快達到我嘅目的，唔使同人哋去商量。譬如我可能想食嗰樣嘢嘅，可能佢哋無同我講我就會好唔開心，跟住就會自己發脾氣，可能食得比較少嘢去抵抗佢哋嘅唔記得咗我唔鍾意食嗰樣嘢啦，等佢哋下次記得我係唔食嗰啲。對於我嚟講，咁就比較容易去解決問題，所以我

以前好小事都會發脾氣，就算放假落雨我都可能會發脾氣。你無得發個天脾氣㗎嘛，你只能夠發身邊嘅人脾氣，呢啲我都試過。

以前都試過畀人話公主病呀成日，我都好接受呢個名。身邊啲人都唔係會好介意，即係好介意我有啲脾氣上嘅問題，佢哋都會就我，所以我咁耐以嚟都無諗住改。

 ## 被出賣後嘅思考

之前咪同你講，話大概三四年前，我被一位我認為好好嘅朋友出賣啦。唉，嗰陣我真係真係好低沉，咁啱嗰一年又發生咗好多事，令到我好容易諗埋一邊。我就開始去諗，其實係咪因為我對佢哋唔好呢？但係一開始，我覺得我無對佢哋唔好，佢哋背叛我都係佢哋問題。而家諗返，其實唔關我對佢哋發脾氣嘅事，咁但係亦都因為佢哋背叛我嘅呢一樣嘢，令到我去思考我對人嘅方式。同埋最重要都係，即係我媽咪就會咁樣講：「阿女你唔好成日發脾氣啦！」嗰時我就真係發現咗自己呢個問題，你話而家係咪無發脾氣呢？梗係唔會啦傻咩，點可以咁容易改㗎呀。但係講真，我真係發少咗嘅，即係都會諗下人哋係咪真係做到呀，係咪真係知呀，都會諗下人哋嘅難處先去發脾氣。當然都會有好多時候忍唔住，但係個次數會相對減少咗囉。

呢個就係我以前同而家對人一個好大嘅分別，亦都係一個好好嘅改變。雖然畀人出賣，但係都係一件幾好嘅事嚟㗎我覺得，如果唔係佢哋，我都唔會考慮下我性格嘅問題。

智慧小貼士 沒有小小挫敗，難以蛻變為更好的人。

大聲友 慕潔 回應

Tina，亂發脾氣對健康同埋情緒都有極壞嘅影響，其實發脾氣係懲罰自己嘅一種行為。做錯事先至應該受懲罰，若果錯唔喺自己嗰度，就無謂發脾氣使到自己辛苦。Tina，從我哋嘅溝通，我知道有好多人寵愛你，係幸福㗎。你要好好珍惜自己，愛自己，唔好恃寵生嬌，咁容易去發脾氣傷害自己，好嗎？ Tina，我都愛你㗎。

人生 GPS
小聲友：阿普

今個月個主題係智慧，我會形容身邊一位智者作為回應。我嘅身邊不乏智者，佢哋可能係我老師、朋友或者同學，甚至乎喺大學，每一位教授都係智者。傳統地諗智者嘅時候，我哋第一時間都會聯想一啲比較年長、對社會比較有貢獻嘅；一啲好擁有個人成就嘅；或者一定係聰明、謹慎和細心嘅。同埋，智者最大嘅特色係學識淵博，好似上至天文，下至地理，全部都難唔到佢哋，係世人嘅明燈。

呢啲都好似好符合智者嘅一啲諗法，但我對智者嘅睇法就簡單得多啦！我覺得佢哋只要有人生閱歷；佢哋嘅行為或者語言對我有影響嘅；做我嘅明燈，可以引領我成長嘅，就係屬於智者啦。

我今次想介紹嘅，就係家中一老，我屋企嘅嫲嫲啦！嫲嫲絕對係我哋屋企裡面人生閱歷最豐富嘅一個，佢喺我細細個嘅時候，成日都教我要帶眼識人，叫我唔好咁早拍拖。喺人際關係上，佢成日都覺得我會被人呃，好早就已經叫我認清楚身邊嘅人，唔可以無防人之心。

嫲嫲一直引領我

佢亦都教咗我一啲日常生活嘅技巧，例如廚藝咁啦。我初初係唔識煎炸煮炆呢一啲方法嘅，後來自己摸索都識得煮公仔麵，

不過煎呢炸呢真係完全唔得。記得第一次呢，我煎隻蛋煎到成隻鑊要報廢，唔用得啦。後來佢教我要預先落油去煮下個鑊。佢亦都有教我織冷衫啦，我亦都成功織過一條頸巾。我仲想佢教我點樣織背心，因為我細細個就係著住嫲嫲織嘅背心長大，但係好可惜，已經唔記得咗當時係點樣織出嚟嚕。

另一方面，我喺佢身上亦都學到唔少，喺對人處事方面。我做事有來有往，佢成日都同我講禮多人不怪，所以培養到我比較有禮貌。我喺佢身上仲學到節儉嘅美德。記得一次我跟佢去街市睇佢點樣講價，發現原來講價係有一個特色嘅，就係一開始先砍半價，然後再逐步傾。呢個技巧喺我日後嘅生活都幾常用。另外呢，一個節儉嘅美德就係去格價啦，貨比三家。

我諗喺我成長階段入面，影響得我最深遠嘅非我嫲嫲莫屬。佢係一個比較慈祥，鍾意笑、鍾意玩嘅老人家，我喺佢身上學識笑容嘅感染能力，學到佢嘅活力，體會到佢嘅心機、佢嘅精靈，呢啲都係我好想學習成為嘅人。所以我覺得嫲嫲一直都引領緊我，好似我嘅明燈，每當我有啲咩唔明嘅，或者遇到咩困難，我第一時間都會搵佢傾訴。雖然佢未必每次都畀到一個明確嘅答案我，但係佢會一直鼓勵我，陪伴我成長。

我今次介紹呢一位智者，未必可以話喺學術上學識淵博，但係佢喺我人生成長路上絕對係一位名師。

當個慈祥的人，花時間在後輩身上，竟可不知不覺成了對方一輩子的明燈。

大聲友 Ivy 回應

阿普，你好似平時分享一樣，睇得好全面。你講咗一般人對智者嘅睇法，然後講自己嘅睇法，我覺得你都係一個智者。「家有一老，如有一寶」，你揀咗陪住你成長、好錫你嘅嫲嫲，真係好羨慕你身邊有一位智者。佢係一個活力充沛，喜歡玩、喜歡講笑嘅人，真係文武雙全。更重要嘅係，你哋冇代溝，可以傾心事，又學習佢嘅美德──笑嘅感染力！

神隊友
小聲友：John

9 月呢個題目有 3 個，係囉都好多，我都諗咗一段時間究竟揀邊個分享。最後揀咗 A，講身邊一個智者。

 令人驕傲的朋友

呢個智者，其實又唔係真係特別有咩智慧。佢係我身邊一個朋友仔啦，同我差唔多年紀，但係我會形容佢係一個智者。係點解呢？因為佢同同年人相比，有一份胸襟喺到囉。我覺得呢樣嘢好重要，對人對事都好，一份胸襟會令你眼光睇得遠大好多、寬宏好多，唔會困住你一剎那嘅情緒，或者反感就唔高興啦。胸襟呢樣嘢真係無分年齡，我而家嘅年紀都未話真係好大，但我見得到胸襟呢樣嘢唔會係每個人都具備囉。具備嘅人往往都會想去明白人哋嘅感受，哪怕意見唔同，都會尊重人哋有佢嘅立場、有佢嘅意見，而去聽人哋內心係諗緊啲乜嘢。

身邊有個咁嘅朋友，我都會多一份驕傲，可以認識咁樣嘅人。雖然呢個唔係啲乜嘢大智慧，但係我覺得喺心境上面，如果你可以用一個好坦然、好寬容嘅一個心態看待唔同嘅事物，你睇嘢都會心軟啲啦。喺同年紀嘅人當中，唔係人人都有，或者就係呢一個嘅差距，我覺得呢個朋友係一位智者囉。

🔵 出乎意料的反應

又講下佢做過啲乜嘢，令我好體會到呢份智慧。我同另一個朋友平時個集中力都比較低嘅，即係有陣時做多兩做手頭上嘅工作，我哋嘅專注力就容易飄到去另一度啦，好唔專注。話說有一次，我哋 3 個人一組，做一個 group project 小組報告。對於一開頭講嗰個朋友呢，好想死啦對佢嚟講，3 個人一組，其餘兩個懶懶散散咁樣，唔係好對焦到做緊啲嘢，佢點會唔激心呀？哈，但好有趣，嗰陣自己雖然懶懶閒閒，呢個朋友仔佢激心還激心，但係又唔會即時將佢嘅怒火去遷喺我哋身上，鬧我哋點樣點樣，唔專注呀、唔投入呀、累親佢呀、搞到佢成績好爛呀。我感覺幾意外嘅，唔係無預過佢話我，但係佢出乎我預料之外，反而係想睇下我哋唔專注嘅時候其實做咗啲咩嘢：係啲興趣嘅嘢？係其他需要？有另外一啲急切要去做嘅功課？

我無諗過亦都無預期過呢個朋友會咁深入了解我哋，藉住呢次，我重新認識到——喔——原來呢個朋友有咁嘅一面，唔會先去話咗我哋，怪我哋拖累咗佢。取而代之嘅，係佢會聆聽，仲有嗰份心腸去了解我哋嘅需要啦。當然，某程度嚟講，呢位朋友有少少偏咗，但係佢嗰份精神、嗰份心態、嗰份待人接物嘅取向，係好值得去敬佩。

智慧呢樣嘢，其實唔需要話好聰明，好似哲學偉人、軍師戰術家咁犀利嘅頭腦。對我嚟講，呢個朋友有一種眼界，原來你換一換轉個心態去睇人啦睇事都好，會見到咁不一樣嘅一面。

再講返當時嘅事件啦，個 group project 呢，去到最後，嗰個朋友仔帶返我同另一個朋友專注返個 project 到，最後攞到唔錯嘅成績。其實都幾多謝佢嗰次，如果唔係嘅話，嗰科都幾危危乎。

都期待你呢一次嘅分享，想聽下 Clement 你人生裡面所經歷嘅智慧。

處理問題首要的一步，始於聆聽。

大聲友　譚生　**回應**

好多時我哋所認識嘅智者，係來自歷史呀，靠睇書呀，或者係人哋講出嚟，好少係第一身嘅發現。從另一層次睇，如果一個人能夠喺自己身邊發現有智慧嘅人，其實都顯示咗佢有智慧嘅能力。咁好慶幸，阿 John 你都有咁嘅能力，透過一次 group project，發現同年嘅人都可能係個智者。如果你保持呢種銳利嘅觀察力，用心去學習，不難成為另一位智者啦！

錯置時空
大聲友：譚 sir

  Hello 阿 John，我係 Clement 呀！今個月嘅題目就係智慧啦，我想分享少少待人接物嘅得著啦，希望你有啲啟發啦。咁首先唔知係唔係個人老咗啦，我發覺我脾氣差咗啲嘅，難控制啲嘅。有時個人躁啲呀，無咩耐性呀，牢騷又多咗呀咁樣，遇到唔開心嘅事就容易衝動或者發嬲。未退休之前，其實個人會收斂啲嘅，喺工作上遇到不如意嘅事大把啦，好多時都係忍氣吞聲呀，或者係無咁容易表露自己嘅情緒。不過而家呢，好多時間或者係同自己無咩關係嘅，譬如喺街到見到啲不平事呀，又或者甚至睇下新聞呀，有時都會觸動個肝火，好想發洩一下。呢個係咪正常嘅老人心態？我都唔知。不過我覺得要正視呢個，唔適宜加以壓抑，應該好好地處理。

 ## 沉睡中嘅情緒

  事實上，我一把年紀啦，過去幾十年嘅經歷唔多唔少都有啲唔開心呀，甚至有時係創傷啦，不自覺咁樣壓抑落嚟，深深埋咗喺潛意識中間。只要遇到類似嘅外來事件，好容易就會觸發起嚟，啲記憶呀感覺呀就喺沉睡中喚醒咗。咁嗰種悲痛呀或者不甘呀或者無奈突然湧現嘅時候，就會有激動嘅情緒出現㗎啦。

  根據心理學嘅 Satir model——我喺到班門弄斧，唔好意思——有啲咁嘅情緒要好好宣洩嘅，先至可以將心靈上嘅疤痕撫平。其

實作為一個治癒嘅方法，對自己嘅健康都十分有幫助嘅。正因為有咁嘅想法，我突然間就發覺除咗自己之外，別人又如何呢？引申嚟講，好多人而家嘅行為情緒，會唔會唔係一個實時嘅表現嚟？而家嘅場景只不過觸發佢心裡面、腦裡面嘅記憶嘅某個片段，佢哋嘅表現實際係針對舊時個場面，旁人根本唔了解佢嘅心情，同埋唔知佢諗咩嘢。所以，如果我哋想幫佢或者了解當事人嘅話，就小心唔好畀佢嗰啲不對等、不合理嘅情緒行為表現所蒙蔽，應該深入去探究其中嘅因由。

 學生嗌錯我個名

我記得呢，有一個中一學生初初入嚟都好無禮貌嘅。我當時教佢數學，好多時佢特登針對我，又抗拒啦，又唔合作，不過佢個數學能力唔差㗎喎。有一次，佢因為小事發大脾氣，咁就同我對抗。佢激動之中呢，突然之間就嗌錯我個名。咁就突然間醒覺，其實佢唔係鬧緊我，唔係針對我，而係針對另外一個人。之後我去了解下佢心理，哦原來呢，佢小學時個數學老師都係一個男老師，同我外形有啲相似啦。不過佢就好嚴厲，個學生本身覺得好受折磨。我呢就做咗佢嘅替身啦，之前嗰個形象呀咁投射咗落去我嗰到，結果我就被成為佢嘅發洩對象啦。知道咗呢個背景之後，我就知道點樣處理。之後大家改變咗，無咁多衝突啦，個關係慢慢好咗，之後先教到佢啲數學。

呢個小小待人接物嘅見解，我唔覺得係一啲智慧啦，不過希望能夠對各位有啲啟發啦。臨近中秋啦，咁順帶祝中秋快樂團圓！

若要好好了解一個人，我們得回到他或她的過去。

小聲友 John 回應

跟人相處，真係需要一個同理心。無咗呢個心，可能會發展成衝突，由單係一兩句話觸發，一啲口快快嘅說話去萌生。我覺得 Clement 你做咗一個好啱嘅決定，我係極之佩服。你嘗試了解學生嘅心態，明白佢嘅背景。佢唔鍾意嗰個數學老師，最後displace 咗啲情緒落到你嗰度。呢個確實係人生一個需要掌握嘅智慧！

形象工程師
大聲友：Ivy

今次嘅題目係最有智慧嘅抉擇，我覺得喺我年青時決定信耶穌受洗加入教會。聖經話敬畏耶和華係智慧嘅開端，認識至聖者就係聰明。的確係嘅，因為聖經教識我好多做人道理。未信耶穌之前，我係一個自我形象好低，缺乏信心嘅人；信耶穌之後參加教會舉辦嘅講座，認識自己多咗，漸漸提升我嘅自我形象。

我喺單親家庭長大，對婚姻係無咩期望。喺一次講座當中，知道婚姻係神所設立嘅，係神聖嘅，係美好嘅，之後我對婚姻觀就有啲改變。因著耶穌對我捨命犧牲嘅愛，感動我去讀神學，侍奉神。喺神學院認識咗我嘅丈夫，我哋有相同嘅價值觀同人生方向。面對生活上嘅困難挑戰，我哋會一齊祈禱交畀神。

 上帝咁樣睇人

喺信仰嘅歷程當中，我哋體驗到別人嘅分享，無論物質同埋關懷，所以我都去學習同人去分享。我退休前喺教會都大概有 10 年服侍長者老人家，成日都聽到啲老人家話：「哎呀，無用呀，咩都做唔到。」有時探訪一啲老人院嘅長者，佢哋有啲臥床，甚至有啲講唔到嘢啦，我都會問：「啊，上帝點解無將佢哋嘅生命收返呢？」慢慢上帝畀我體會到，原來神就係睇佢哋係一個人，唔理會佢哋做唔做到嘢，或者係咪好需要人去服侍，都係神所愛嘅人。神就係透過人嘅關懷，讓人知道上帝無忘記呢啲人。

所以我而家邁向年老，或者將來需要人哋去照顧嘅時候，我都知道我嘅生命仍然係有價值嘅。神係要人學習點樣表達愛，同埋神睇人唔係好似人咁樣睇人：功能性，做幾多嘢，又或者有幾多金錢、學問、地位。神睇我哋就係人，因為係佢所創造嘅。我覺得呢個對我嚟講喺非常之重要，就係因為咁樣，以至我睇自己睇得合乎中道。

我覺得我決定信耶穌呢係一個聰明嘅決擇，改變我整個嘅人生，無論係喺婚姻、工作，甚至喺我嘅自我形象，都係影響住我點樣面對人生唔同階段。

阿普，期盼聽你分享你嘅聰明抉擇。

假如人生真的有種功能，最重要的還是愛。

小聲友　阿普　**回應**

原來神睇人呢，唔係睇佢哋嘅地位、金錢或者係學問。就算係臥床嘅長者，佢哋都係被愛嘅，可以透過他人嘅關心，而覺得自己被在乎，從而感受到神嘅愛。選擇相信耶穌，絕對係一個聰明嘅抉擇！

毋須紅衣包裝
大聲友：慕潔

　　年輕時，我曾經喺一間美國人喺香港投資嘅電子公司工作。呢間公司有 4 種唔同顏色嘅制服畀員工穿著：生產部係綠色，檢查部係藍色，工程部係咖啡色，呢 3 個部門管理階層係穿紅色制服嘅。我當時喺檢查部工作，唔係管理階層，所以我著藍色制服。有一位男同事，佢係工程部嘅經理，聽人講佢嘅頭腦好靈活，下屬解決唔到嘅問題需要請教佢，佢好快就可以提供意見，以及集思廣益，好快就將問題逐一解決，同事都好欽佩佢㗎。

 笑眯眯的管理人

　　呢位工程部經理喺公司應該著紅色制服，但係佢堅持要著咖啡色制服，要同下屬不分彼此，打成一片免除隔膜。佢時時都笑眯眯，好閒適，好自在，好似與世無爭咁嘅，喺公司裡面好多時都慢慢慢慢咁踱步，似係沉思。佢唔會緊緊咁望住某個人或者某一件事，喺到觀察住四周圍嘅狀況，又完全唔會畀人有丁點兒嘅壓力喎。

　　佢睇起上嚟好似傻傻地咁㗎——啊——不如我哋話佢係一位隱士呀、一位智慧者啦，如果唔係佢又點能夠統領整個工程部門呢？佢只係默默以自己嘅知識、技能好好投入工作裡面。公司裡面有啲員工好渴望可以著到紅色嘅制服，要表示係高層嘛，自我感覺良好呀。但係亦都有人升職之後要改著紅衫，唔覺得係咩嘅

一回事。呢位同事唔願意依照公司規例著上紅衣表示佢係管理階層，而同佢嘅所有下屬員工一齊著咖啡色制服，顯示出佢嘅性格係好平易近人。

呢位同事嘅小小執著，再觀察埋佢日常喺公司嘅行為，我覺得佢唔鍾意同人爭奪，只係做自己應該做嘅事。佢本來就有學識有技能嘅，毋須同人爭奪同埋比較。我從來無同佢傾過偈，只係今日要我諗下一個有智慧嘅人，我即刻諗起呢個人啦。佢係一位謙卑嘅人，似乎生活得好輕鬆好自在好快樂咁，同人相處好和諧，可以算係一位智者呀。

披戴慈愛，就是最漂亮的一件襯衫。

呢位上司，係 100% 嘅智者！佢唔單止幫下屬解決好多問題，亦唔介意同佢哋著同一個顏色嘅衫。我覺得真係好難得，係一個好高智慧嘅做法。好多人追求升職，除咗係加人工之外，就係想同其他人唔同，高其他人一等。佢嘅智慧係在於，寧願同自己嘅下屬平等一齊做嘢，好過同人哋不一樣。

得閒傾偈

跨代學習：智慧篇

　　智慧，並非專家的專利，也不由學術界所壟斷。當問聲友們誰是身邊的智者時，有人挑了嬤嬤、同學以及上司。小聲友阿普說：「智者最大嘅特色係學識淵博，好似上至天文，下至地理，全部都難唔到佢哋，係世人嘅明燈。呢啲都好似好符合智者嘅一般諗法，但我對智者嘅睇法就簡單得多啦。」同樣，小聲友 John 亦遙相呼應：「智慧呢樣嘢，其實唔需要話好聰明，好似哲學偉人、軍師戰術家咁犀利嘅頭腦。」

　　那麼，他們眼中的智者又有何特質？其中一種素質在於待人和善。John 談到一次小組功課的經歷。他和另外兩位同學 3 人一組，其中一人跟他一樣懶散，專注力欠奉，沒什麼建樹不在話下，更甚的是拖慢了進度。但同組另一位做事認真的同學卻沒有怪責他們，反而細心聆聽對方的需要，嘗試了解兩人分心的原委。John 訝異，友人跟自己年紀相若，居然擁有海量的胸襟。「具備胸襟嘅人往往想去明白人哋嘅感受，哪怕意見唔同，都會尊重人哋有佢嘅立場，而去聽人內心諗緊咩嘢。」John 補充，如此寬宏讓人眼光遠大，免受情緒所困。

　　大聲友慕潔的心水人選，在相處上一樣平易近人。她在職場上找到一位智者，儘管部門不同，依然引來她的注意。這間電子公司有個文化，部門不同，制服顏色亦有不同。要是晉升至部門主管，色澤更加標奇立異，不是一般的綠、藍、啡，而是渾身通紅。然而，其中一位部門主管拒絕區分你我，為了跟下屬打成一

片，一直堅持穿同一種顏色的制服。慕潔說，假如再近距離觀察他，更會發現這位主管與人和諧共處，「時時都笑眯眯，好閒適，好自在，好似與世無爭咁嘅。」

上述兩位聲友的體驗，跟學界的說法相當脗合。有專門研究智慧的學者指出，綜合東西方不同文化後，智慧主要牽涉 3 個層面：知性上的（cognitive）、情感——尤指關係——上的（affective），以及自省上的（reflective）。由此可見，配得上披戴智者冠冕的人，不一定只有學術知識淵博的人。假如在人際關係上或內省能力上的功夫做得好，同樣稱得上一位有智慧的人。另外，有學者嘗試歸納一般人對智慧的看法，發現以下 5 個範疇的能力最被看重：認知能力、洞察力、反思能力、關懷別人，以及生活技能。換言之，智者的智是相當生活化的，是一種人生態度，並不局限於是否持有一紙證書，猶如一件抽離於自身的商品一樣。

所以，當大聲友 Ivy 談到人生最明智的一個抉擇時，亦是十分貼身的——信主，因為信仰教懂她許多「做人道理」。Ivy 來自單親家庭，自小便對兩性關係失卻信心，可是後來曉得婚姻是神所設立的，婚姻觀隨之徹底改變。聖經的教導也顛覆她的想像，讓她反思人的價值不在於金錢、學位抑或社會地位等等功能性表現。簡單的說，她的信仰歷程是個洗擦眼目的過程，「影響住我點樣面對人生唔同階段。」

至於小聲友阿普，則視嫲嫲為一盞「明燈」，在她成長路上「一直都引導緊我」。人生閱歷豐富的嫲嫲傳授了一籃子的生活智慧給孫女，實際技能包括廚藝和編織，美德方面則有節儉、禮貌以及親切。阿普跟嫲嫲的學習是相當體驗式的，亦充滿市井氣，譬如講價，她就從旁觀察，學懂先由劈價一半談起。

　　前文提到，智慧也跟自省能力扯上關係。這是再好不過的消息，意味人們可以通過反思長多一智。小聲友 Tina 就以此蹊徑，讓自己變得成熟一點。舊時的她是個「24 小時發脾氣嘅女仔」，就算瑣碎的事，亦可牽動她的神經。假期下雨？她鬧情緒。煮了她不愛吃的東西？更加擺正牌發脾氣。後來直至要好的友人出賣了她，Tina 才認真思考自己的性格是否出了問題。多虧點點反思，今天的她在待人接物上進步多了。

　　當然，假如再加一點學理，反思過後得出的見解愈加深刻。譚生套用心理治療的知識，拆解一位棘手中一生的行為問題，認識到一個人的實時表現，或非針對此刻的人，而是時空錯置，僅僅回應著舊時的場景而不自知。他憶述那位態度惡劣的學生，每每在自己教授的數學堂上搞對抗。一次，學生因小事大發雷霆，激動中卻喊錯了老師的名字。當下，譚 sir 恍然大悟，開始懷疑同學所針對的另有其人。了解過後，他曉得同學在小學時遇上的一位數學老師，體形跟自己相似，但前者十分嚴苛，害學生感到萬分折騰。「我就做咗替身，之前嗰個形象投射咗落去我嗰到，結果我就成為佢發洩對象啦。」此後，譚 sir 改變了相處方式，雙方關係慢慢轉好，教學才可慢慢發生。

這份領悟可以化作一份禮物獻給世人。在《老得好優雅》裡，作者 Joan Chittister 提出，晚年最大的貢獻不在於勞力，而在於多一分理解。她這樣寫道：

> 「老者的服務不在勞力，他們的服務在於啟發，在於智慧，在於靈性的判斷。這些，只有背負了歷代前人經驗的人才能帶給我們，因為經驗會結束，唯有智慧不滅。而我們不可能在年輕人身上找到深刻的智慧，因為年輕人活得不夠久，經歷不夠多，還無法累積大智慧。」

的確，一個人可以又老又蠢，但智者通常傾向是年長的人，畢竟智慧的增長，始終需要歲月的歷練與積澱而成。當一個人退出社會的名利場，更易看破世情，懂得辨識重要和次要的分別，更能活於真理當中。當工作不再成為人生的主調，人便有更多時間追求智慧，好好思索生命之道。當我們跟更多如此這般的長者走在一起，整個社會將會變得更加聰明，更能作出明智的抉擇，從而造福人類的大未來。

十月：

閒暇

走在丹麥的街道，偶爾會遇上些約一米乘一米的彈床架設在地面，任由途人從一個彈到另一個。這個邊行邊玩的設計概念（play street），讓人只消一跳，心情秒速地鬆一鬆。然而，這大概是為大人而設的，畢竟看在小朋友的眼眸，幾乎所有東西都可幻化成遊戲。孩童走路便是一例，路上不同的圖案，隨時變成他們眼中的障礙賽。

我們兒時的想像力無窮，不過你一代玩的，大概跟我的一代迥異。而且，你遊蕩過的地方，跟我闖蕩過的不盡相同，就如你聽「大眾踩單車郊野上」一句歌詞，我卻接收到「去玩去顛嚟 Ocean Park」那則廣告。教人格外期待的是，從你口中的敘述，我們或會發現一個消失了的香港。

請選擇 A 或 B 作 5 分鐘的回應。

選項
A

你最喜歡香港哪一個地方？（介紹舊時地方也可）

選項
B

介紹一種你的兒時玩意。

屋邨世界盃
小聲友：Nardo

Hello Panda，我係 Nardo，咁首先我分享返 10 月嘅主題開暇啦！我揀選項 B 啦，介紹一種兒時玩意。細個嗰陣，父母返咗工啦，我自己一個喺屋企，有時就會出去球場踢波，所以我覺得足球係我兒時玩意。透過足球，我喺球場上識到附近其他邨嘅小朋友，我哋一齊踢波，又可以認識到另一啲朋友。足球擴大我嘅社交圈子，透過足球去認識朋友。

去到而家呢個歲數，我都繼續踢足球，係我人生嘅一部分啦。我由細個開始接觸足球，跟住去到中學，就踢一啲班際嘅比賽，磨練自己嘅球技呀同埋技術。去到大專，又識到唔同嘅朋友，自己就嘗試做一個領隊嘅角色啦，試下組織一隊足球隊，去出面踢比賽呀，同唔同嘅對手切磋。

點只踢波咁簡單

其實足球唔單只係一個玩意啦，更著重係團體精神。透過大家團結呀同合作呀，先可以贏出一場比賽啦。我覺得足球教到一個團結同埋合作嘅精神，無論做任何事都好，團結同合作都好重要。大家互相溝通，去明白返大家嘅想法呀同理念，咁樣先可以一齊做好一件事囉。喺嘗試組織一隊球隊，無論結果係點，贏定係輸呀，都識到一班朋友，享受相處嗰個過程，對我嚟講好滿足啦。你同其他人共同努力做一樣嘢，就算係輸呀，我覺得所得嘅得著都係比贏輸嘅結果更加重要。

足球係我兒時玩意，令到我嘅生活添樂趣，又可以認識到唔同嘅人。其實，足球都令到我嘅性格開闊多啲，令我更加願意去同其他人溝通，自己無咁膽小，更加有勇氣去講，去分享我嘅想法囉。而家都係透過足球去認識到一班朋友，同埋維繫彼此之間嘅關係。足球對我嚟講，係一個好好嘅媒介，令到我喺人際關係上保持一個良好嘅結果囉。

今次我就呢個 10 月嘅主題係咁多啦，好，唔該晒！

投入一種嗜好，等於投擲自己進入一個嶄新的社交圈子。

大聲友 Panda 回應

喺青年時代，搵到自己喜歡嘅活動都幾重要，因為呢個時間都係求學，可以有時間做運動都緊要。亦都開心聽到，你踢足球時都領略到，除咗可以強身健體，亦都學到一啲做人道理。咁細個都領會得到，對你工作真係好有幫助。繼續做運動，一個人冇咗健康，除咗照顧唔到自己，亦照顧唔到家人。

Barbie 增肥了
小聲友：Tina

Hello 慕潔，你好呀！今日同你介紹一下我嘅兒時玩意啦。

細個我哋好少買玩具，因為屋企好忙啦，又唔會帶我哋出去玩。我哋又悶啦又無嘢玩啦，又唔知做咩喎，所以我哋喺香港嘅時候其實好悶。但係好彩，我哋每年新年都會返大陸婆婆嗰度，就會有表弟妹同我哋一齊玩。而嗰陣時係我可以買玩具嘅時候，可以用返上年嘅利是錢，去買今年嘅玩具。所以呢，我哋就好珍惜呢個機會。

 ## 上年逗利是，今年買玩具

喺大陸可能 3 至 4 日，成日都會好期待跑去村口買玩具。啲玩具係啲翻版嘅 Barbie 公仔，但其實嗰陣時係好少會理正版定翻版，因為講緊可能 4 歲左右，我連小一都未讀，好細個。咁就買一啲 Barbie 公仔，一盒盒咁樣買。另外呢，就會有一袋剩係賣衫嘅，好多唔同嘅衫，乜都有，乜裙都有㗎我記得，好大袋。我哋會買一個公仔啦，跟住買其他衫啦。我表弟同我細佬好似買玩具車嘅，我就同另外兩個表妹，買啲公仔嘅衫咁樣啦。我諗我哋一日都會來回係嗰度幾次，除咗買公仔之外呢，我會買野食呀，買啲玩具呀，有啲沙炮呀咁嘅嘢。我哋就會喺婆婆屋企入面玩，好開心咁樣拎住幾隻 Barbie 公仔，同表妹交換下衫著，幫隻公仔著下衫，又同佢梳下辮呀。好記得呢，因為係翻版啦，都粗劣嘅，即係頭髮好容易打攪嘅，所以每次幫佢紮頭髮都好小心呀。

新年完咗我哋就會返香港。對於我哋嚟講，香港其實真係好悶。嗰陣時住喺大角咀，我哋連落街玩嘅機會都無。印象中，嗰到好似係無公園同埋好雜好雜，我哋通常都喺屋企玩公仔嘅。因為一年只可以買一次啦，香港啲公仔實在太貴，所以我哋會好珍惜咁樣去玩我哋啲公仔啦。

 ## 由瘦公仔變肥公仔

點解我咁記得呢啲 Barbie 嘅公仔呢？唔係因為我好少玩，或者好少可以買到玩具，而係因為有一次我哥哥過嚟搵我哋玩。我哥哥大我哋四五歲左右㗎乍，咁嗰陣時我同哥哥講好悶呀，不如搵啲嘢玩啦，玩 Barbie 公仔呀，可以換衫嗰咁樣啦。我同家姐就喺度一路同 Barbie 換衫，我哥哥就話：「唔要，唔要呀，咁女仔！」但係我細佬都照玩，我細佬嗰陣時應該一歲，都唔知係咩嚟，但係同我哋嘻嘻嘻喺到玩。我哥哥呢就拒絕咗我哋好多次，我一路喺到玩啦，哥哥都喺到幫公仔著衫，我無為意。最好笑嘅事呢發生咗啦，過咗一段時間，我望住我哥哥手上嘅公仔，佢竟然幫隻公仔著咗四五件衫，由一個好瘦嘅公仔變到好肥嘅公仔。我最記得公仔嘅事，係好記得我哥哥呢個咁可愛嘅舉動！

管他什麼性別定型，人生只活一次，想發展什麼興趣就發展什麼吧。

大聲友　慕潔　**回應**

> 聽你講細個玩 Barbie 嘅情景，令我諗起呢啲公仔，真係有好多唔同款式嘅衣服、髮型、鞋啦、手袋等等。兒時同玩伴一齊玩遊戲所得嘅快樂，長大後偶爾諗起仍然會有好溫馨嘅感覺，呢種感覺可以講係生活嘅樂趣，甚至係生活動力，化解我哋一啲唔開心，步向正面思維。Tina 我祝福你，時刻都有呢種溫馨嘅感覺！

拉鏈怪獸
小聲友：阿普

　　今個月嘅主題係閒暇，我會介紹一種兒時玩意作為分享。咁幼稚園呢，記得我哋成班小朋友都好跳跳紮紮，係好活潑嘅，我嗰時都唔例外。我幼稚園裡面有一個操場，操場裡面唔少得嘅係跳飛機嗰啲格，我哋好鍾意放學啦、小息啦、返學嘅時候，都走去跳一餐。到大個少少，就開始同朋友分享玩具，我哋都會帶玩具返學分享囉。嗰陣時呢，daddy 好鍾意界啲槍我，界啲車我玩，屋企人有試過買啲公仔界我嘅，但係呢，我發現原來我以前比較鍾意玩槍呀、車呀呢啲比較男仔少少嘅玩具。

　　咁好啦，我今次想要分享嘅一個玩意呢——嗯，其實都唔係玩具，只不過喺我將佢當玩具咁樣玩。估唔估到係咩呢？細細個嘅時候，我屋企經常無人嘅，大家都要出去返工，唯一照顧我嘅嫲嫲好似出去買餸啦，變咗有段時間屋企係無人㗎。無人睇住我，嗰陣時佢哋就會開咗電視界我，喺到消磨時間啦。跟住呢我悶吓嘛，咪周圍喺屋企搵下有啲咩可以玩囉，好玩唔玩走去玩被⋯⋯

心慌慌聲效

　　嗰陣時睇電視，可能會睇一啲時裝設計，睇下人哋點樣去行 catwalk。嗰陣覺得行 catwalk 嘅女仔好有魅力，我就會攞張被啦，然後用啲衫夾去夾住佢，自製一條裙咁樣，都玩得好開心嘅。有陣時甚至乎為咗模仿電視嘅嗰啲女模特兒，我會走去偷偷攞屋企人嘅返工鞋啦或者高跟鞋去著。

有一次，都幾難忘嘅頑皮經驗，我記得嗰陣屋企好似無人，又開緊電視。嗰陣時我唔知係咪唔小心揩到個電視掣，開到好大聲，開到差唔多去到最盡。應該係撳錯掣，但係細細個嘅我係唔識得點樣較返細聲嘅。嗰陣時播緊嘅節目就係亞視台嘅百萬富翁，通常呢答錯嘅時候，佢有一個特效聲會令到我好驚嘅。係啦，嗰陣時我好想逃離呢個屋企，因為超大聲，同埋嗰個聲令我覺得好驚，我就揞住對耳啦。但發現好似無乜效用喎，嗰時身邊有一張陪住我大嘅被啦，我見到被入面有拉鏈喎，跟住打開咗佢個拉鏈，然後我成個人塞埋入去。好搞笑嘅一個位，係我都估唔到自己嗰陣時會咁樣做，我塞咗個人入張被度，跟住喺入面拉返條拉鏈上去。

 唔想窒息多一次

你可以幻想到成件事呢，我困住咗喺張被入面。初初揞住隻耳仔都好似無咁驚，但係耐咗之後呢就驚啦，因為睇唔到任何嘢，又周圍碌嚟碌去啦。我驚啦，我就大嗌，大嗌一陣呢，居然又覺得被入面有啲窒息嘅感覺，咁所以我就更加驚啦，跟住嗌到好似無乜力啦已經。

終於都等到有人返嚟，係我叔叔救咗我啦最後。呢件事對我嗰個影響都好大，因為到而家我對被嘅拉鏈係特別敏感嘅。我永遠瞓覺嘅時候，個被嘅拉鏈一定係喺腳嗰個方向，唔會畀條拉鏈對住我個頭。但係即使發生咗啲咁難忘嘅經歷，細細個呢我依然都係會玩被，依然會喺到扮模特兒去設計啲裙啦。但係我唔敢再拉開啲被嘅拉鏈去玩囉，雖然係過癮，但係唔想試多一次窒息嘅感覺。

181

呢一個兒時玩意對於我嚟講真係又驚又喜，唔知 Ivy 婆婆你會點樣回應呢？期待你嘅分享，拜拜。

 就如行山一樣，身旁多一個照應，從事任何活動都會安全一點。

 大聲友 Ivy 回應

細個屋企冇人，我都試過用棉胎成個頭冚晒，但係冇你咁有創意，將個拉鏈拉埋。記憶中，細個嘅棉胎係冇拉鏈。我覺得你處理下呢個童年陰影都係好嘅，而家冬天開始，成日都冚被，你習慣咗將被拉鏈放喺腳後面，如果處理下就更理想啦。

路癡聚腳點
小聲友：嘉莉

我揀嘅選項係：「你喜歡香港哪個地方？」因為我唔係幾敢出街，所以唔會點去其他地方。除咗學校活動要出去學習，或者係學校嗰啲過夜旅行呀，如果唔係嘅話我都唔會點出去，而且我唔識路，加上我係路癡，所以就好少好少出去。

到目前為止，我覺得我最鍾意嘅地方都係學校。喺學校，我可以識到朋友啦、師姐啦、師妹啦，仲有老師啦。喺學校度同同學呀、朋友呀一齊傾偈，都好開心啦。學校有好多活動畀我哋去玩，小息有時間就去學校圖書館 3 樓同 Miss 傾偈，或者睇下圖書呀。雖然我唔係點睇書，唔會點睇多字嘅書，但係我都會去睇下有冇啲咩故事係值得去睇呀；去睇文言文嗰啲書幫助考試呀；睇英文書學多啲嘅生字呀；睇古人講嗰啲嘢會唔會對中文喺作文上面有用處。

 識到各種各樣嘅人

我都會同其他老師傾偈啦，有時候見到班主任得閒就傾下日常生活嗰啲嘢。跟住再傾下功課有冇唔識呀，有冇啲地方好難呀，或者識唔識點運用啲詞語去做功課呀。我覺得我哋學校啲老師都幾好，除咗真係好曳呀、唔交功課呀、唔聽老師講嗰時，其實老師都好溫柔嘅。

我喺呢間學校識咗唔少朋友啦，有好多唔同個性嘅朋友：有對我好嚴厲㗎啦，就係成日督促我快啲做功課呀、快啲去溫書呀；喺月經期間唔好食凍嘢呀、食辣嘢呀，亦有關心我嘅。有啲師妹啦，雖然佢唔當我係師姐，當我同佢同級嘅，因為我嘅外表同埋我嘅內心都唔似一種師姐嘅模範，所以同啲師妹都傾得玩得開心，一齊分享日常生活好有趣嗰啲嘢呀。

　　除咗朋友、師妹同埋同學仔之外，我仲識咗師姐啦。雖然佢已經畢咗業，但係我都有同佢聯繫。喺學校見到呢個師姐，就會行過去癡住，一齊傾偈呀，分享自己嘅事呀，或者將來嘅出路，睇下師姐會唔會有啲咩建議畀我呀。總之我真係好鍾意呢個師姐啦，有時候我哋一齊食飯呀，師姐偶爾都會請我哋食甜品或者一齊一人分一半去食。

　　我覺得最好嘅地方係學校囉，可以識到咁多各種各樣嘅人啦，當然有啲人唔好啦，但係大多數都係好嘅。

有些看似習以為常的地方，原來只要仔細一想，或已成了心的家鄉。

大聲友 蘇小小 **回應**

你話你係路癡，可以慢慢學下出去，唔好去咁遠
囉，認下路，慢慢進步。學校係學習嘅地方，好多
嘢都喺老師度學返嚟。聽到你分享，我都好開心，
可以有喜歡嘅同學仔啊老師啊，都係好好嘅事。

玩具反斗星
大聲友：Terry

今個月個主題就係分享兒時玩意。所謂兒時，就係細路仔嘅時候。我做細路仔嘅時候，呢個社會仲好貧窮㗎，多半都無錢去買玩具。

咁玩啲乜野呢？多數都係自己諗出嚟嘅。第一啦就係跳 over 啦，即係撳住人哋個背脊跳過去。第二就玩下嗰啲叫做「扯扯」啦，係咩？將荷蘭水蓋放喺火車軌呀或者電動車軌，好利㗎，咁穿住條繩扯下扯下，好好玩嘅。另外係鍾意打乒乓波啦，我哋嗰陣時係無枱㗎。點樣打呢？我哋多數都係用床板啦拍埋一齊打，返到學校課室就將啲枱拍埋一齊打，球來球往都好開心㗎。

其實仲有好多嘢玩㗎。我就鍾意玩紙鳶，放得高呢就好開心。第二呢喜歡剒紙鳶，點樣剒？將啲玻璃搓碎變成粉狀，又將啲玻璃線蠟咗佢，咁就變咗玻璃線。飛得高，撩人剒紙鳶，當剒贏咗人，佢嘅紙鳶又甩咗，咁就好開心啦，覺得呢自己都幾好嘢噃，都唔錯，都係一種成功感。

我覺得呢，以前細路仔玩嗰啲嘢係好有創意，自己諗出嚟，乜都係自己做，都玩得好開心嘅。依家多數都係去買嘅，即係現成嘅，係無咁創意嘅。係囉，咁睇你有咩意見啦，拜拜。

 閒暇
小貼士人大了，可否像兒時一樣，唾手便把身
邊事物化成點點玩意？

小聲友  Anson **回應**

荷蘭水蓋呢，以前都有收集開嘅，飲完支汽水會特
登儲起佢。但你話要喺中間穿條繩入去，我一開始
聯想到玩搖搖。乒乓波呢，我唔叻㗎，開波都係滴
滴仔。細個打，都係一啲無網嘅波枱，或者係石
枱。聽到 Terry 你自己 DIY 紙鳶，整爛啲玻璃碎，
真係唔容易，不過自己動手做真係特別開心！

山系男生
大聲友：譚 sir

今次就講閒暇，我想介紹我其中一個鍾意嘅活動同埋鍾意去嘅地方。好細個嘅時候，我已經鍾意行山，因為屋企地方唔大，無乜活動空間，另外呢又窮㗎，無咩零用錢，所以就成日去山上嗰到跑，咁就可以慳錢，一來練下氣，二來又可以伸展下。由於嗰陣時年少氣盛，好多時候鍾意探險，遇到陌生環境或者突發天氣變動，更加可以訓練自己嘅判斷能力同埋膽量。

過去咁多年都住喺港島東，我對於東邊嘅柏架山特別鍾情。近年退咗休之後時間多咗，每個星期仲會喺柏架山跑幾個圈，搵到唔少新嘅景點，而家等我嚟介紹一下啦。

 四通八達的奇石峰

柏架山有 532 米高，喺全港島嚟講係第二高峰，僅次於扯旗山嘅 552 米。香港郊野地區嘅特別，就係往往喺市民住宅後面，唔需要花費太多就可往返。如果係識途老馬，可能行十幾分鐘就可以上到山。事實上，去柏架山亦都真係好方便，無論南面嘅淺水灣、赤柱，東面嘅大潭呀柴灣呀，以至北面嘅筲箕灣、西灣河同埋鰂魚涌都有路可以上。加上啲路好多選擇，比如可以行車，柏架山道或者係港島林道；又有，老幼咸宜嘅山徑，可以輕輕鬆鬆，包括康柏郊遊徑啦、柏架山橫山道啦等等；或者攀爬嘅，例如東脊呀，仲有好多無名隱藏嘅秘道，難度不一，一定可以滿足

唔同人嘅需要。況且柏架山四通八達，跟附近嘅群山形成網絡，可以貫穿成個港島，成為行山者嘅樂園。由於柏架山係個大山啦，自然風貌好豐富嘅。東邊雄偉俏俊，一望無際，遠眺就係鶴咀呀，同埋東邊海域啦，俯視就可以睇晒柴灣呀、小西灣等等。南邊就面對住大潭水塘，林木映漾，水光粼粼，十分怡人嘅。北邊面對維港，如果好天嘅話，極目可以望到九龍新界群山，腳踏住耀東、康怡等屋邨。

山脊受到風化侵蝕，咁呢大自然塑造咗唔少嘅藝術品，其中以將軍石最為著名。另外，仲有元寶石呀僧人石呀，都維俏維妙嘅，對下仲有個海龜石喺澗旁活靈活現。如果轉個彎呢轉入去，清幽深谷、樹木茂盛中間，居然有個好似恐龍嘅恐龍石。如果堆石喺對面望過嚟就似一條錦鯉，所以又叫錦鯉坑，真係不得不讚大自然嘅鬼斧神工。而且呢，喺山頂嘅雷達附近有個天音響石，當你攞石頭去敲擊嘅時候，就會發出清脆悅耳嘅聲音。

 ## 豐富的人文文化

另一方面，呢個山都有好豐富嘅人文文化。喺 1984 年——唔係——1884 年，太古喺鰂魚涌起咗建築物，同時攞咗山上高做個宿舍畀啲高級僱員住，所以又喺 1892 造咗個纜車系統。由於呢個吊車系統使用率不高，喺 1932 年呢已經停用啦。而家我哋行過去嘅話，仲可以搵到 24 組石凳畀我哋憑弔。仲有呢，喺山腰嘅林邊樓，亦都係當時嘅建築物嚟嘅，而家已經變成為生物多樣化自然教育中心。喺山頂大風坳咽到，舊時嘅療養院呀宿舍呀都已經剩返啲斷碑殘石，畀有心人去懷緬。

另外二戰期間，留低咗好多軍事古蹟。首先最容易睇到就係軍事爐灶，大型嘅有 3 處，大約有幾十個爐灶，聽講話係煮食畀難民。仲有啲小型爐灶散落喺林中，等有心人去慢慢發掘。中間呢，仲有幾座英軍廁所，而家已經變咗頹垣敗瓦㗎啦。最特別呢，就係原來嗰到有幾條軍用隧道，係由日本人掘嘅，包括三叉洞啦、八仙洞啦、坑草洞啦、掃把洞等等，街坊都相當熟悉㗎啦。其他嗰啲呢，有個叫密碼洞呀、儲水洞呀、二十五洞呢，喺啲隱蔽、神秘嘅地方，好難去到嘅。

　　總括而言啦，明山大村總有吸引力，但我哋都唔應該忽略近在咫尺嘅遺產。如果你有興趣嘅話，我都樂意去做個嚮導嘅。今日分享到此為止。

 **閒暇小貼士**　住在香港，總有一座山在我們附近。好好認識其中一座，久不久親它一親，然後別忘作個嚮導，帶領身邊人經歷你的奇妙發現。

小聲友 John 回應

無獨有偶，估唔到我哋兩個都喺呢個主題講行山！我鍾意 Clement 你話，我哋住喺城市，但身邊有好多奇山妙水，不過往往忽略咗。作為一個城市人，更應該耐唔耐喺個繁囂中，抽時間探索大自然嘅奧秘。如果你唔介意嘅話，我都好樂意搵個機會跟你一齊探索下柏架山呢個地方。

北婆來了！
大聲友：慕潔

今次要先介紹童年時一位鄰居，佢叫北婆。我大個咗都會諗下，咦，佢叫做北婆，唔通佢係北方出世嘅？又或者有一次刮大北風同佢有關？北婆係獨居㗎，佢無結婚。每年佢嗰個做明星個姪，叫做李清，同埋佢姪新抱容小燕都會嚟探望佢兩次。北婆無耕種，只係養咗好多雞仔，而且養到肥嘟嘟，好精靈、好可愛㗎。北婆間屋旁邊有一棵生長得好茂盛嘅番石榴樹，每當石榴盛開嘅季節——嘩——果香四溢，真係令人聞到都會垂涎三尺，流晒口水呀！北婆為咗防止有人摘佢啲石榴，就用鐵絲網並且加道門，再上咗把鎖，將一棵大樹圍住。

有一次，當北婆外出，可能係去市集嗰到幫啲雞隻購買飼料啦，間屋附近嘅細路仔，再加上家姐同我兩姊妹，就趁住北婆今次外出，由鐵絲網爬過去，去到石榴樹下面。然後我哋呢群野孩子，就各自爬上樹上面喎，見到邊一個係最鍾意嘅番石榴就即刻摘咗佢落嚟，喺樹上面到食，大快朵頤，食完啲渣滓就咁掉落去樹腳下面啦。嘩，真係好開心好逍遙自在㗎！過咗一段時間，我哋估計到北婆可能就快返嚟，就由樹上面爬返落嚟，由鐵絲網爬返出去。嗯，到北婆返嚟啦，佢見到嗰棵心愛嘅番石榴樹——嘩，杯盤狼藉、歪嚟歪稱，當然就好嬲啦！佢就用佢嗰種圍頭話，即係鄉下話，亦即係客家話呀，破口大罵喎。我哋無畀佢當場捉住，我哋呢一群頑童，各人都心知肚明，只有暗自偷笑啦。

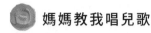
媽媽教我唱兒歌

事實上，我哋呢一啲行為係絕對唔正確㗎。媽媽私底下鄭重咁教訓咗我哋，叫我哋以後千祈唔好再咁樣做，因為呢啲係盜竊行為嚟㗎，係犯法㗎，若果我哋係成年人，必定送官究治。但係呢次小時候嘅經歷，亦都係我長大後其中一個好愉快嘅回憶。好彩，我哋呢個劣行對佢生活同埋生計都完全無影響，只係令到北婆損失咗啲果實，事情就係咁樣不了了之啦。

童年時，媽媽閒時都會教我哋唱下兒歌，到今日仍然難忘嘅一首叫做傻大姐。歌詞係咁嘅：「她的確傻，鼎鼎有名的傻大姐，三加四等於七，她說等於八。」哈，笑死啦：「同胞們想一想，豈有此理哪有此事，講鬼話。她為什麼傻？就是沒有受文化。」

幼年時，曾經玩過嘅遊戲有跳飛機、捉迷藏、十字剐豆腐、跳橡筋、跳大繩、扯大纜、煮飯仔、拋公仔紙啦、彈波子啦、玩鬥獸棋……嗯，又要媽媽幫我哋縫製一啲小布袋，裝滿沙粒，同埋白米，用嚟「抓子」等等。仲有仲有，家姐同我都會執起一啲小石頭，喺家居附近，大小唔同，用嚟玩「抓子」嘅。

喺閒暇嘅時候，我時時做嘅事情就係運動，好似做下拉筋呀，做下柔軟體操呀，同埋步行。我亦都會同家姐、兩個妹妹同埋兩個細佬通電話傾偈，有時會相約出嚟相聚㗎。又會去中心嗰到參與一啲自己喜歡嘅活動，仲有逢星期日我必定上教會參加崇拜。生活都好充實㗎，真係要獻上感恩呀。

偶爾搗蛋一下，讓大家一起抱腹大笑一番。

小聲友　Tina　**回應**

聽完你個錄音先發現，原來你細個都好頑皮，不過就係呢啲咁特別嘅回憶，我哋先記得咁耐。你真係好犀利，仲記得媽咪當年唱畀你嘅兒歌，我細個大部分嘢都唔記得。哈，咩叫橡筋繩？你細個大部分玩嘅嘢，我都聽過，不過啲棋呀，我低智能嘅人冇玩（笑）。但係豆袋我都玩過，爺爺同我玩過一次，隻手拋嚟拋去嗰啲。

得閒傾偈

194

荔園笑浪花
大聲友：蘇小小

　　10月呢個主題，我就講細個時一種玩意。我細個好好動嘅，乜都鍾意玩，咁但係呢，我最記得荔園。

　　我去荔園遊樂場，一個禮拜有時都去兩三次。點解？因為我入場唔洗錢，有熟人喺門口，我哋就直接入去。鍾意掟香口膠，掟唔掟得中都有得食嘅。點解？因為我細佬喺入面做，唔洗返學嗰時，就會企喺到。我哋攞一毫子掟嗰啲階磚，掟中就有一包香口膠，掟唔中呢就無。不過我哋掟，掟唔掟中，我細佬都掟一排過嚟。我哋就有得食，所以好開心。

 扒完艇先返學

　　去到荔園呢，佢裡面好大，但最得意就係出面。出面係海，有得游水嘅，有得扒艇仔嘅，我哋有時都會租艇嚟玩嘅。有陣時返學之前，我哋幾個男女同學——其中一個係我表弟——就玩完先一齊返學。有一次，我哋租3架艇，兩個人一架，扒扒下扒咗去出面。以前美孚公園係一個海嚟嘅，而家就填咗，變咗圖書館呀、泳池呀咁樣樣囉。我哋呢租3隻艇玩，玩到差唔多夠鐘就返學啦要，咁就扒返岸邊，嗰啲石嗰到。嗰啲石有青苔嘅，比較跣嘅，我哋其中一個同學，唔小心呀一跌就跌咗落水喝。咁弊啦，跌咗落水濕咗條褲！啲水到邊個位置呢？又未到腰嘅，去到大脾上啲個位置啦。

195

跟住點呀？又返唔到屋企，返屋企呢肯定畀阿媽鬧，咁條校褲又濕咗喎，咁點搞呢？我哋拖佢上返嚟先啦，咁原來我哋其中有個女同學好好笑嘅，佢一著就著咗 3 條校褲喎！佢話唔驚啦，我剝一條畀你著啦咁樣。跟住我哋問佢：「吓，點解你著 3 條校褲呀？」佢話佢好瘦，所以著 3 條校褲都唔覺。咁就剝咗比個男仔換啦，換咗我哋就返學。好在係咁樣樣囉，我哋玩得好開心，成日都有街去玩嘅，到天晚我哋就唔去玩㗎啦，去玩第二樣嘢㗎啦。

努力幹活，努力嬉戲。任何年歲，都要擁抱兩方面。

聽完你分享兒時玩兒，我自己都好想玩下，接觸有趣嘅嘢。我細個只係去跑步，唔會玩玩具，因為好快就將佢整爛啦！

跨代學習：閒暇篇

　　每一代人都有各自的兒時玩意，聆聽大聲友們的分享，不難察覺他們的童年玩得格外狂野。

　　最突出的莫過於慕潔的故事。小時候的她曉得爬樹，甚至斗膽偷偷攀上鄰舍的番石榴樹，一個一個摘來吃！譚生亦不遑多讓，住家附近的山就是他的遊樂場，兒時有空便通山跑，時而「破林」，即不經指定的山徑行走，自行清除野草，開闢新的蹊徑。所以，冠個「野孩子」的封號給上一代人，似乎也不失為過。

　　除了多一分冒險精神，舊時的玩法更具創意。當中的小玩意不少都是就地取材，例如將罐頭蓋弄成「荷蘭水蓋」、放石子入小布袋變成「抓子」、搬班房內七八張桌子拼成一張乒乓波枱，或將廢紙摺成千變萬化的模樣。舊時社會儘管匱乏，反而激發了人的想像力。從這角度看，上一代的小朋友可謂貧而不窮。

　　今次的主題談閒暇，這個課題不能小覷。有研究指，休閒活動比起生命中一籃子要緊的事（包括教育、信仰、婚姻、年歲、就業情況，以及入息等等），更能預測一個人的生活滿意度。學者解釋，閒暇可以滿足五種不同的心理需要：

一、讓人從沉悶或勞碌的生活中抽離（detachment-recovery）
二、讓人選擇做自己喜歡的事（autonomy）
三、讓人慢慢精通一件事（mastery）

四、讓人投入一些饒富意義的事（meaning）
五、讓人拉闊社交圈子（affiliation）

　　這個模型叫 DRAMMA（取自上述五種因素的頭一個英文字母），我們可從聲友們的故事加以引證。小聲友 John 一到學期中的空檔期，定必造訪城門水塘，好讓自己的思緒跟學業的擔子悄悄抽離。同樣是行山，大聲友譚生酷愛鄰家的柏架山，每星期都上山繞幾圈，發掘新的景點，隻身穿梭二戰遺下的軍用隧道。這座山既是大眾的山，也是他的山，任他自由行。譚生在柏架山上的每一步，都是自主的一步。在大聲友 Terry 身上，教人欣賞到閒暇的技藝層面。兒時的他愛玩剁紙鳶，即在風箏的線上黏上玻璃粉使其鋒利，然後一邊控制自己的風箏，一邊靠攏別的風箏，嘗試把人家的線剁斷。Terry 精通這種競技，每每為他帶來無窮的滿足感。而在意義方面，大聲友 Sasa 跟已故中國詩人冰心一樣，自小便從不肯放棄一張紙。看在 Sasa 的眼眸，廢紙不一定淪為垃圾，相反，沒用的紙可以化成層出不窮的紙雕，甚至摺出夢想，把舊報紙搖身變成老師或醫生的上班服。此外，摺紙亦可逗人歡笑與眾同樂，例如 Sasa 就在萬聖節期間製作紙面具送給小朋友。總言之，摺紙這個嗜好充滿無限可能，惜物如她，當中別具意義。最後是友伴，閒暇可以拉闊人的社交圈子，這在小聲友 Nardo 一句說話表露無遺：「足球係我兒時玩意，令到我嘅生活添樂趣，又可以認識到唔同嘅人。」

以上的解說，值得一提的還有兩點。一，閒暇所帶來的友伴關係，在 DRAMMA 的模型中最廣被認同能夠促進生活品質。聲友們的故事亦呼應了這一點，例如小聲友嘉莉談及在香港最喜歡的一個地方時，竟然挑選了自己的中學，理由全因校園提供了一個場景，讓她跟同窗傾偈、傾偈、再傾偈。同樣，另一小聲友 Tina 提到深刻的兒時玩意時，說的雖是 Barbie 娃娃，但當中最有趣的片段，是哥哥跟她玩的一幕。大聲友蘇小小也不例外，要她憶及童年一件趣事，不假思索便想起當年幾位小學同學一起在荔園撐船的往事。荷蘭建築師 Aldo van Eyck 有一話說得十分精彩：「無論空間和時間意味着什麼，地點和場合所意味的更多。」（Whatever space and time mean, place and occasion mean more）前者（space and time）和後者（place and occasion）的分別，在於一個字——「人」。因有人在，一個物質空間就變成了相約的地方；因有人在，時間的流逝就交織着一個個故事。二，不是所有閒暇都具同等價值。上述五大心理元素，組合愈多，愈對身心康泰。譬如，相比坐在梳化看電視（提供抽離功能），行山不僅有助我們抽離日常的工作規律，同時予人一種自主的體驗，甚至可以是一趟饒富意義的旅程。

乍聽來，閒暇真的不是小兒科，既非單單生活的點綴，也非可有可無的奢侈品。懂得把心情放輕鬆，心理上的需要才會得着回應。無論年長抑或年幼，還是別要失卻生活中的平衡才好。

十一月：感恩

感恩的話，多數人都藏在心底，就像「感恩」一詞，「心」的那一部分，給放在最低處。

這不健康。YouTube 有個名為 Science of Happiness 的節目，由 SoulPancake 團隊炮製，銳意將心理學普及化，其中一集正正關於感恩。一班不知情的參加者獲邀，到場後先填一份評估快樂的問卷，再在另一張紙上寫一封信給一位想要答謝的人。然後，尷尬的事來了，主持人鼓勵他們即場致電告訴當事人。大部分人都樂意，不少說時更加熱淚盈眶。事後，參加者再填一份問卷，結果顯示，僅僅寫信的人，快樂指數亦會升高一點，如果再讀出來，心情甚至攀升更多。有趣的是，原先愈不快樂的人，實驗完成後的快慰升幅愈高。

可見，感恩帶來治癒。孔子說：「吾日三省吾身。」假如您覺得如此生活太過認真，不妨改為「吾日三個感恩」，那麼您的生活滿意度，定會有所提升。在新常態下，掛在口邊的可以不只是個口罩，更是滿載感恩的話。

請選擇 A、B 或 C 作 5 分鐘的回應。

選項 A

細數一些過去一年值得感恩的事。

選項 B

如果有一番感激的話要說，你會想起誰？點解？

選項 C

可否分享一件事，在昔日發生時覺得挺苦，現在回想卻感到造就了自己？

那一天只留給您
小聲友：Hilton

如果畀我講個好感激嘅人，我應該會講我媽咪。由細到大，我同屋企人呢特別係我爹哋嘅關係會比較遠少少，因為以前爸爸需要工作，所以多數都係媽咪湊我。感激媽咪最主要嘅原因，係佢真係好畀心機去湊我，令我長大成人。有時佢都會話：「你睇下你嗰陣時，我執屎執尿咁湊大你。」係，其實都好辛苦㗎。

我而家都戒唔到一個習慣，就係有時都會大嗌「阿媽呀」。例如，有時返到屋企好边，唔小心喺梳化度瞓著，我夜晚覺得好凍，一般第一時間嘅反應就嗌「阿媽」。我阿媽喺自己房入面瞓緊覺，但係我都會叫。上一次呢，我又喺梳化唔小心瞓著，跟住瞓醒嘅時候，我同我阿媽講：「好凍呀，我摸唔到有被呀！」阿媽就話：「吓，你唔嗌阿媽嘅，平時唔係好鍾意嗌阿媽嘅咩。」我話唔知呀，淨係知道矇矇忪忪咁摸咗兩次都摸唔到張被，所以我攬住自己繼續瞓，因為實在好眼瞓。我媽媽含辛茹苦咁樣湊大我，做媽媽真係一個唔會停嘅職業，我覺得係一個好神聖嘅職業。

第一次不在爹哋身邊

至於爸爸，雖然同佢感覺上比較遠少少啦，但係有個轉變喺上年3月發生。我去咗旅行，生日嘅時候去。一直都覺得喺生日同朋友去旅行、去玩，感覺上係好正常，因為個個都係咁，冇乜人生日會同屋企人過。但係呢，喺我生日嗰一日，我第一時間收到嘅訊息係爹哋。佢嗰陣時同我講：「係第一年唔喺你身邊陪你

過生日。」嗰陣時喺到諗，係喎，第一次生日唔喺屋企人身邊。嗰刻都會覺得好感動，雖然唔係好知個感動邊到嚟。所以從此之後，我就同自己講，逢生日都唔會同其他人過。如果需要慶祝生日嘅話，我會選擇早少少啦，唔會揀正日喺出面玩。我覺得生日其實最重要嘅係父母，因為佢哋帶我嚟呢個世界，所以最感激嘅應該都係佢哋。

係啦，仲可以分享一樣，就係覺得昔日好苦，但係今日成就自己嘅一件事。以前喺小學嘅人際關係正常，但去到中學唔知點解，可能有啲適應上嘅問題，或者係溝通技巧比較缺少，我喺中學嘅人際關係幾差添嘅其實。唔至於話會畀人排斥或者欺凌，但係就無乜人理咁樣，有啲透明人 feel 嘅。嗰時其實真係好難捱，我整個中學嘅生日，都冇朋友冇同學仔同我慶祝。當初覺得自己好熟嘅一個朋友仔咁樣啦，可能都會 lunch 一齊食飯啦。但係唔知點解呢，後尾就會畀我聽到原來佢喺我背後講我嘅唔好，咁就覺得好辛苦。但嚟到而家，就發現其實當初中學每一個人，都係造就咗今日嘅我，塑造咗我對某一啲人嘅感觀。有時有個人一走出嚟講第一句說話，我就會聯想佢好似我中學某個同學喎，可能係咁咁咁㗎，我就會識得用更多唔同嘅處理方法同埋溝通技巧。

嗰時 6 年中學，都幾難受啦其實，但係去到今日，就會覺得我今日嘅口齒伶俐，或者可以歸因於當初囉。我好感激神，畀我喺中學遇上一段咁差嘅人際關係。當時一個咁小嘅社會縮影，教識咗我呢啲嘢，令我喺真實嘅社會裏面，不至於不知如何是好。

好啦，期待你錄畀我嘅聲檔！

大聲友

Sasa **回應**

你媽咪一定好錫你，好詫異，咁年輕就感受到媽咪含辛茹苦。你媽咪一定好開心，知道你咁欣賞佢。感受到你一家人應該幾溫馨嘅，年年一齊過正日生日。我啲仔女而家都冇乜正日留喺屋企，唔緊要嘅，父母只要子女開心就會覺得幸福。亦都好詫異，你中學過咗咁艱難嘅 6 年。唔緊要啦，經一年長一智。而家嘅人際關係應該唔錯，係咪呀？過去就由得佢啦，從失敗中學習面對。嚟緊做嘢，更加係一個唔同嘅世界，希望你有晒經驗去面對未知嘅將來，輕鬆愉快嘅，努力！

家裡有部時光機
大聲友：阿龐

　　青榕，講到感恩呢個課題，其實我都有好多嘢講，我希望唔會太論盡。唔知有冇同你提過，自從我爸爸舊年過身之後，佢留低咗 4 大箱嘅相喺屋企嗰度。我就拎咗返嚟，嘗試去整理啦，去刪減啦咁樣。4 大箱相真係多到不得了，一半係細相簿，我諗有 500 本。我都花咗兩三個星期，而家先去到尾聲，大致上啲相簿就由 2010 年到 1980 年呀，喺呢 30 年裏面，我諗每年都有二三十本相簿，一筒菲林一本簿咁樣。

 重溫 30 年來走過的路

　　我睇呢啲相嘅時候，雖然目的係刪減，有邊啲丟得邊啲唔要，邊啲要留返，但係就好多所謂情緒起伏呀或者係好多嘅感受。其中一個好主要嘅感受，就係爸爸媽媽都已經唔喺度啦，相中人好多都已經唔喺度，或者大部分都已經唔喺度。另外呢，因為我爸爸好鍾意影相，就同我個仔有關係。我個仔頭嗰幾年 day day 喺屋企嗰度住，佢幫我影咗好多好多好得意嘅相。嗰啲得意嘅相我以前都未見過，我個仔原來咁得意嘅，咁古靈精怪嘅。

　　又睇返好多細個嗰時，我爸爸帶我去啲 uncles 屋企呀，好多活動剪影啦。有一張相就係 uncle 喺漁農署做，喺新界住村屋。有塊好大嘅草地，佢有個推草機呀，我就喺度推推草咁樣，跟住我個仔就走埋嚟同我一齊推。咁就影咗張咁，嗰啲片段睇返我都好珍惜呀。

又睇返好多我太太以前後生嘅樣。我太太以前咁靚嘅，點解嗰時無去睇多兩眼呀？亦都睇到好多爸爸媽媽嗰啲朋友呀、教會弟兄姊妹呀，同埋啲牧師呀，佢哋嘅聚會呀、家訪呀、送行呀、聚餐呀。睇到佢哋嗰種交往好溫馨嘅，睇到我爸爸媽媽好努力去經營同每一個朋友、每一個親人嘅關係，呢個我絕對係好佩服同埋好欣賞。咁就睇到一樣嘢，睇到我而家見到一啲婆婆咁樣，原來以前咁靚嘅，睇到個歲月催人嗰樣嘢。

我將我爸爸最少有 30 年嘅相重新整理，其實我自己啲相都冇整理過。當中都有好多關於我自己嘅，關於我啲兄弟，或者關於我爸爸媽媽嘅生活，咁就好似重溫一次佢 30 年走過嘅路。其實我都應該去回顧一下，即係每 10 年呀睇返我啲相，睇返我過去做嗰啲嘢，睇下需唔需要有啲調整。

整理啲相，畀咗我一個好重要嘅訊息，就係珍惜眼前人。我哋眼前嘅人終有一日唔喺度，我哋有冇機會同佢相聚？有冇珍惜佢嘅陪伴？有冇珍惜同佢嘅關係呢？有冇珍惜同佢一齊歡樂嘅時間呢？其實一個人喺每個時空裡面，同其他人嘅相遇都好獨特嘅，可能永遠都唔會再返嚟。

 擁有過的，就是一份禮物

講返感恩，我諗一個好重要嘅前提，就係生命係一份禮物而唔係一種權利。呢個係某人講嘅，我係好認同。我覺得呢個大前提係好重要，即係話如果我哋能夠當生命係一份禮物，唔係一種權利嘅話呢，我諗我哋能夠去 enjoy 我哋嘅生命。

我想講多一個概念，就係轉念嘅習慣。記得有一次，我界咗一個感恩日誌嘅工作紙界啲同學做。有 7 日嘅，我期望佢哋每一日都搵到一啲感恩嘅事項，同埋一個感謝嘅對象。到第二個禮拜做完呢個功課，要分享嘅時候呢，有一個女同學同我講，話做到第 5 日，冇辦法做落去，因為男朋友走咗。我好明白嘅，唔一定要做落去。但個感恩功課，除咗感恩日誌每日一項之外，跟住就要寫一封信，界一個自己好想多謝、但係從未多謝過嘅人。我就靈機一觸咁話：「呢位男朋友對你咁重要，你會唔會都可以寫封信界佢？雖然佢走咗，話界佢聽喺你身上所做嘅野，係幾感激佢嘅過去同你一齊嘅時間。」

　　佢就好聽話，真係寫咗封信界佢男朋友。到上堂嘅時候，我就問佢可唔可以將你嗰封信讀出嚟同同學分享呀。我記得嗰一次呢，佢真係好勇敢將封信讀出嚟，同學都非常之感動。有陣時我哋失去一啲嘢，但係如果能夠由我哋曾經擁有嗰樣嘢個角度嚟睇，可能好多嘢都係值得去感恩嘅。呢個就係轉念嘅習慣。

　　我爸爸個印傭，服侍咗佢六七年。爸爸過咗身後，我就叫佢過嚟幫我哋，佢話都想試下喎，想換下環境，想試下新嘅野。我都好驚呀，因為請工人都好難，佢又真係做得好好，我就嘗試說服佢留低啦。未說服到佢留低之前，我都喺到盤算緊，如果佢真係要走，唯有就係感謝上帝，因為佢過去嗰 7 年，嚟到幫我爸爸，嚟到支援我哋呢個家庭。我哋真係因為有佢嘅緣故，變咗好多野都好放心，放心爸爸得到一個好好嘅人照顧佢。從一個曾經擁有嘅角度去諗，已經足夠令我哋去感恩。

喺過去嗰年半，香港發生咗好多社會事件、疫情咁樣，其實情況係轉壞嘅。但係另一個角度睇，特別我哋年紀大個啲人，喺香港過咗好長一段時間嘅好日子，其實都係好應該去感謝，感謝我哋嘅政府啦，感謝香港嘅人啦，感謝上帝啦，畀到我哋一個咁好嘅環境。轉念嘅習慣，就係當我哋失去嘅時候，去諗返我哋曾經擁有嘅嘢。

青榕，我就同你分享住咁多先啦，拜拜！

感恩小貼士　偶爾翻一翻相簿，回味一下昔日美好的時光。

小聲友　青榕　回應

你堂上面嗰一位女同學，如果係我嘅話，可能做唔到佢呢個舉動，因為我太擺唔低自己。如果講到失戀呀，分開咗呀，就會覺得成件事已經結束啦，就算寫再多嘅嘢，或者講再多嘅說話，可能都挽回唔到一段感情。雖然話有感謝嘅說話，但如果真係要講畀對方聽，就好似挽回緊一段關係。但明明段關係已經結束，係我嘅話可能做唔到，擺唔低自己嘅自尊，好似委屈求存咁。係我嘅話應該做唔到，所以覺得個女同學都幾勇敢！

無論任何天氣
大聲友：慕潔

　　我最感恩嘅人必定係我媽媽，十月懷胎再經過極度痛苦，將我帶到嚟充滿奇妙嘅世界。數十年過去啦，我自己亦都親身經歷過為人母親嘅歷程，當中嘅甜酸苦辣真係體會深刻。我媽媽性格溫和好有耐性，但較為沉默，唔係太喜歡說話。以往嘅日子，爸爸媽媽同我哋 6 姊弟妹，喺我 10 歲之前生活喺九龍一個農村，就係環繞今日樂富嘅摩士公園，同埋九龍城寨公園一帶。

 愛，直至嘔吐

　　嗰時，我哋住嘅地方冇電，亦都冇自來水供應，夜晚黑要燃點火水燈照明。仲記得喺夏天酷熱嘅日子，真係令人感到好難受。我哋幾姊弟妹有時會熱到瞓唔著，媽媽成晚就幫我撥扇。有時我哋又會熱到皮膚發晒炎，媽媽會用盆裝滿由水井打上嚟嘅水，幫我哋抹身降溫，又會用熱沸水塗喺我哋身上發炎嘅地方。其實媽媽自己都熱得好辛苦呀，仲要照顧我哋，試問有邊個會為佢舒解憂困呢？由此可見媽媽嘅偉大，對我哋嘅愛真係去到無微不至嘅極點呀！

　　喺冬天好冷嘅日子，媽媽每日仍然要為我哋預備飲食。佢要將一對手放入好冷嘅清水，處理好食材，然後為我哋烹調。佢又要用佢嗰對手，浸喺冰冷嘅水裏面，將全家衣服洗乾淨。嘩，媽媽隻手凍到僵硬，凍到紅曬，凍到爆擦呀！當時係細路仔嘅我睇

係眼裏面，以為媽媽咁樣做係理所當然嘅。原來佢係默默忍受辛苦，毫無怨言，呢一切都係出於媽媽對家人嘅愛、對家人嘅無私奉獻。

小時候嘅我同埋媽媽都係唔習慣搭巴士。車程會令到我哋頭暈嘔吐，而且嘔得好犀害，有時甚至連膽液都幾乎嘔出嚟。真係好辛苦，但係呢種情況會隨著習慣咗搭車而克服過嚟。有時我生病，媽媽帶我搭巴士，去位於今日嘅九龍公園裏面，當時係軍人診所。因為爸爸係華籍英軍，家屬可以得到軍部嘅醫療照顧，媽媽又相信西方醫學，所以不辭勞苦冒住車程，仍然帶我去接受治療。一切都係出於媽媽對我嘅愛。

 扭計要買蘋果

記得有一次睇完醫生，媽媽同我準備返屋企，車站旁邊嗰棟大廈，應該係今日嘅美麗華商場，嗰度有一啲辦館，即係售賣零食嘅店舖，有好多包裝得好美觀、七彩繽紛嘅糖果呀、餅乾呀、蛋糕等等，亦有唔少外國進口水果。所有貨品之中，最吸引我嘅係美國華盛頓蘋果，排列得整整齊齊，顏色紅卜卜，底部仲有 5 粒嘅嘅。我扭計呀，要媽媽買畀我食呀，佢完全冇拒絕，立刻就滿足咗我嘅要求。到今日我仍然記得，嗰個蘋果當時嘅售價係 6 毫子。60 幾年前喎，6 毫子買一個蘋果，應該算係幾昂貴！從呢件事，可以睇到媽媽對我嘅愛係幾咁深。

有人話我都幾識得關心人嘅，追索根源，我諗應該係媽媽嘅愛孕育咗我，使到我長大之後，不知不覺之間都會釋放出善意同埋關心。媽媽已經離開咗我 16 年，每次諗起佢對我嘅愛護、扶持、

鼓勵、安慰、叮囑等等，仍然係感動，仍然係念念不忘。佢對我嘅好真係數算不盡呀！

媽媽，好感謝你用無盡嘅愛養育我，使我喺人生中偶然遇到挫折，仍然有力量企返起身，好好地繼續生活！媽媽你係我生命中最難以忘懷嘅人，你係我最感恩嘅人！媽媽我愛你，永永遠遠愛你！

握起拳頭，讓指頭印在掌心，一邊感受當中傳來的暖，一邊細想至親的一對手，曾為自己多麼的粗勞。

小聲友 Tina 回應

聽完你個故仔，令我諗返我感恩嘅事，應該有我媽咪份。媽咪呢個角色真係成日畀我遺忘，佢無微不至，但係呢樣嘢唔係理所當然。唉，呢排天氣咁凍，一直都想幫返媽咪做嘢，即係食完飯之後去洗碗，出門口之前去洗衫、曬衫，雖然而家用洗衣機洗，但都會凍嘛。每次想幫嘅時候，都會「唉，好凍呀」，媽咪就「我嚟啦」。呢啲都係我應該做嘅，但就遺忘咗媽咪都係人。所以，呢個錄音令我覺得，我應該感恩嘅人係媽咪。

來一趟收納之旅
小聲友：John

　　呢個月嘅主題就係感恩啦，有 3 個選項，我自己想講第一個，即係 A 嘅選項，細數過去一年值得感恩嘅事。過去一年，香港比較動盪，係幾唔穩定，但係我自己喺咁嘅環境裡面有啲得著，有啲反思。

 在動盪中詰問

　　對自己嚟講，呢一年係幾衝擊嘅一年。可能自己都踏入社會一段時期啦，然後又再重返校園生活，可能會用一個唔同嘅眼光審視一切。當眼見呢一連串事，我自己會去回顧返自己嘅身分。我唔單止係一個學生，而家亦係一個公民，亦係人哋嘅子女，亦不知不覺間成為咗少年人眼中嘅大哥哥。重返校園呢一年，學習嘅進程唔算順利。我會回顧返自己讀書係為咗啲咩嘢，回顧返我個初衷。我究竟想達到啲咩？我想做到啲咩？我點樣藉住讀書去回應呢個社會？自己當初好似想去幫人，我應該點樣行？我開始有呢啲疑問。雖然聽落好似有好多問號，但我覺得係一件好事，令自己進一步諗下，今時今日讀書，係一個魯莽嘅決定，還是認真嘅決定。

　　經過呢一年，我更加相信當初嘅抉擇。講真嘅，中途係有迷亂，好難專心喺學業，但係呢啲起起跌跌，令我更想回應社會嘅需要。係囉，自己讀心理學，呢個時期社會裡面好多唔同嘅人，

可能心理健康上面呀，都好多唔開心，或者家庭和諧出咗問題。呢啲畫面，令自己更加認真 consider 自己嘅身分。作為一個學生，我唔係為讀而讀，而係要有一個 vision，有個願景喺度去讀囉。

不說不相識

連串嘅社會事件，其實都畀到自己同屋企人多啲嘅交流。我以前唔係咁容易開口同人溝通，但呢排真係會同屋企人意見上有分歧，但係我覺得好感恩，原來有陣時真係不打不相識。無呢啲小衝突，原來我哋都唔知對方諗緊啲咩。明明係屋企人，原來我哋嘅不一樣，如果唔透過說話，唔透過溝通，我哋係無法知道對方諗緊咩。多咗溝通，願意聆聽對方，就可以修補親密關係。

雖然過去一年社會好多唔開心，但係呢啲事情成為我嘅動力，叫我去好好做好自己。好似都講咗好多啦，唔知 Clement 會有啲咩提議？

感謝玫瑰有刺，激勵自己成為更好的人。

其實讀書一帆風順唔一定係最理想，中間有啲經歷呀、挫折呀，會令人特別珍惜學習生活。太早入大學，思想比較幼稚，處事比較衝動。另外一方面，一家人同居一簷下，係最密切嘅。不過可惜，現代社會啲人實在太忙，缺乏時間互相溝通，久而久之就誤會日深。情義一淡，有拗撬其實在所難免。但透過爭拗，多啲體諒，多啲了解對方，感情亦因此而加深。希望嚟緊一年，無論喺屋企同埋讀書方面，你都順順利利。

未天光已離家
小聲友：Kenneth

今個月嘅主題係感恩，我想分享，如果有感激嘅說話會想同邊個講？會諗起邊個？我會想同我爸爸，即係我 daddy 講啦。

講下我 daddy 背景先啦。佢而家 55、56 歲，仲有幾年就 60 歲。我有兩個家姐，屋企加埋我就 5 個人啦。

 幾十年一個模式

我爸爸喺我好細個嗰時，就好辛苦工作養大我，所以我都好想同佢講返聲多謝。佢做嘢好辛苦，喺酒樓做點心師傅，包點心呀或者煮嘢食，都做咗幾十年。佢都轉過好多間酒樓做啦，但離不開都係做返酒樓，即係點心師傅呢行。佢好辛苦，基本上凌晨 4、5 點起身返工，去港島呀、灣仔呀、或者旺角呀。咁多年嚟，最早最早嗰間酒樓可能 3 點幾起身呀，放工就可能放 4、5 點啦，實質返工嘅時間都長，10 個鐘、11 個鐘啦。

而家就算轉咗一間新酒樓，佢都要 5 點幾起身呀。佢都 50 幾歲呀，所以我覺得佢好辛苦湊大我哋。爸爸比較傳統，好少講話自己做嘢好辛苦，但我哋作為仔女都睇得出。就算你廿幾歲，要你凌晨起身返 10 個鐘工，你都會覺得辛苦啦，更何況一個上咗年紀 50 幾歲嘅人？體力上面都好難應付啦，唔係咁容易做到。佢為嘅都係想養大我哋，令到我哋環境好啲。

縱使我爹哋有時同我意見上都有少少不合，最明顯就係我讀書方面。我用多幾年時間去讀書，我爸爸就唔係太支持嘅，有少少反對聲音啦。佢驚我讀完呢幾年之後，可能嘥錢又嘥時間，但未必如我所料，咁理想去做到社工呢一行。佢驚我讀咗三四年，畀人花多三四年時間，到頭來做返一啲普通嘅工作，不如中學畢業之後，直接出嚟做嘢咁算啦。佢當初唔係太支持我呢個決定，不過我覺得都唔緊要，我仲有年幾先畢業，我覺得事實會證明到畀佢睇，我讀完係會從事返呢一行。

我少同爸爸講話好多謝佢，話佢好辛苦做嘢養大我哋喎啲，始終可能傳統家庭比較尷尬。但係我心入面知道，佢長年累月呢幾十年嚟，最早嗰陣時 3 點幾起身啦，到而家五點幾起身，跟住每日返 10 至 11 個鐘，其實都好辛苦。所以我將來出去做嘢嗰陣時，有一份穩定工作嗰陣時，都會想好好報答佢呀，得閒請下佢食飯呀，或者買啲禮物送畀佢啦。雖然我有用言語去表達出嚟啦，冇講出口話多謝佢啦，但我覺得佢都應該知道我知道佢做嘢辛苦。希望之後出嚟做嘢，可以好好咁孝順佢，報答佢呢幾十年嚟咁辛苦咁做嘢。

 ## 放下最後一塊心頭石

呢份堅持都係唔容易，佢最大心願都係諗住畀一個好啲嘅嘅環境，同埋養大我哋三姊弟囉。我兩個家姐出嚟做嘢啦，等埋我畢業之後，就 3 個仔女都出晒去啦，到時佢真正會放下一個重擔。我知佢比較擔心我畢業出嚟，搵唔到自己適合嘅工，或者個工作環境係點呀，佢都會擔心。所以我好想快啲去達成到呢件事，令到佢放下心頭大石。

我出嚟做嘢之後，佢唔一定要返咁辛苦嘅工作，可以試下轉行。我哋三姊弟出嚟做嘢，經濟方面冇乜壓力嘅話，佢都可以做下保安，相對上工作時間冇咁長，做嘅嘢都冇咁辛苦。點心方面，有時多客人嗰陣，佢要不斷係咁包點心呀煮嘢食呀，唔算話好多時間去唞囉。

係囉，總括嚟講啦，我最想感激嘅人就係我爸爸啦。雖然我媽媽都辛苦，但我覺得爸爸嚟講，做嘢方面係辛苦，最值得尊敬。

別小看人生第一份糧的力量，好好念記，
答謝您想要答謝的人。

大聲友　蘇生　**回應**

你係一個孝順仔，做人應該係咁，時常抱住一個感恩嘅心，無論任何事情，飲水思源，好多嘢都要感恩，尤其我哋嘅父母。冇佢哋嘅養育，我哋唔會成長到。你好快就畢業，睇你咁勤力，你會成功嘅。希望一年後出嚟搵份理想嘅工作，好好咁報答父母。祝福你啊！

疫下 internship
小聲友：Anson

　　今次關於感恩，一啲正面回憶，對我嚟講就係出實習，特別係帶小組活動。而家都要社交距離呀，活動入面唔可以太多人，房間入面又要做啲乜乜設備乜乜防疫措施，對我嚟講都係一大考驗。帶活動總共帶八次啦，其實我都做咗七次，剩返一次。同一班中度智障嘅朋友仔，有啲係精神復康嘅，我盡量理解佢哋嘅意思啦，不過唔少時候都唔係太掌握到。我都好努力嘗試，讓佢哋明白，希望佢哋玩得開心，如果唔係就失咗個意義。

　　其中一節，我都講過關於感恩嘅嘢。我會解釋咩叫感恩，佢哋通常會應句多謝乜乜、多謝某某咁樣。佢哋好容易多謝人哋嘅，做一啲心意卡啦，又或者畫張圖畫，記錄返別人嘅幫助。佢哋回憶返呢啲小事情，心入面就多咗一份感恩。

　　感恩係唔容易嘅事，你要回味返之前嘅嘢，當中嘅點點滴滴，會喺心入面帶嚟好大嘅安慰。

　　好快就已經 12 月啦，好希望實習可以順順利利。去到 31 號呢，就完結我第一次嘅社工實習，希望可以順順利利啦。

　　我哋個活動都差唔多去到一大半，希望錄多幾次，可以了解更加多。好期待 Terry 你寫嗰本書，讓我了解你嘅人生故事。我接觸嘅嘢唔算多，所以希望睇多啲唔同嘅資料。我哋下次嘅錄音再一齊分享下平時嘅故事啦，好期待你嘅分享，下次再傾，拜拜！

 自小就培養小孩子表達謝意，日後您會發現，這是一份好好的禮物伴其成長。

大聲友 Terry 回應

為你將要完成實習而感恩，要做一個肯花時間，用盡心思嘅實習，其實殊不簡單。你要服侍一班有精神病和智障嘅朋友，絕不容易。我好佩服你有呢種愛心、忍耐，有你去服侍佢哋，真係一種福氣！相信喺服侍嘅過程，你都經歷到難處，學習到唔少功課，好似感恩，因為健康唔係必然嘅。

跨代學習：感恩篇

人的思緒天生傾向負面，這個乍聽來不利的消息，其實源於人類在進化上一種自我保護機制。不難想像，要是遠祖們在野外生活時不對周遭的危害多份警惕，大概老早給猛獸吃光了。當然，現代社會的生存風險大大減低，可是這種心理學家稱為的「負面偏好」（negativity bias），依然牢牢嵌於人的腦中。

倘若擺脫不掉上述的傾向，我們的幸福感便會被削弱。一個人只記掛壞的消息和經驗，而對好的充耳不聞，那人大抵活得不太快樂。同樣，若人家對一己的侮辱與批評，比稱讚與肯定更加盤旋在我們的頭上，那人的眉頭只會一直深鎖下去。

慶幸的是，感恩的習慣可以扭轉人的負面傾向。研究指出，感恩不僅為人們帶來諸多正面情緒（包括堅定、專注、活力、喜樂、樂觀、熱忱，以及樂於助人等等），還可踢走一籃子負面情感（包括嫉妒、焦慮、孤獨、抑鬱，以及拜金主義等等）。難怪心理學家提醒，感恩乃是 5 大性格優勢（character strengths）之一（其餘的為熱情、愛和被愛的能力、希望和好奇），大大促進人的生活滿意度。

談到感恩，小聲友 Anson 有兩個見解格外值得深思。他說，感恩就是關於「一啲正面嘅回憶」；亦覺殊不容易，「你要回味返之前嘅嘢，當中嘅點點滴滴。」他的說法，用學術一點形容，前者可以稱作「重構」（reframing），後者則叫「品嚐」（savouring）。事實上，以上兩個元素似乎貫穿了今個主題聲友們的故事。

先說「重構」，即用一個正向的框架，賦予事件更多積極的意義與內涵。中學畢業後，小聲友 John 在社會打滾了數年，年前決定重返校園，修讀輔導與心理學。然而，學期一半未過，卻因反送中運動觸發連串社會事件，阻礙了一般的正規學習。跟大部分香港人一樣，John 心情沉重，不時甚至難於專注學業。不過，當時的局勢反而刺激他撫心自問一道道問題，包括為何讀書，日後又如何用學識來服侍社會。對於 John，以下是動盪中一個得著：「令自己更加認真 consider 自己身分，作為一個學生，唔係為讀而讀，而係要有一個 vision 去讀。」另外，與家人政見分歧亦帶來了一些小衝突，但他還是滿懷感恩：「有陣時真係不打不相識……多咗溝通，願意聆聽對方，就可以修補親密嘅關係。」

無獨有偶，大聲友阿龐介紹了一個轉念的習慣，提供嶄新框架審視問題。人生不時面對失去，大部分人都會因而傷心，但轉念則從一個曾經擁有的角度來看，從而轉化人們的思緒。例如失戀，失去所愛的人固然難受，可是若能換換念頭，多想對方曾經為自己做過的一切，感激曾經所擁有的，心情或許不至糟糕透頂吧。

阿龐再用自身經歷說明。他曾聘請一位印傭照顧年邁的父親長達六七年，外傭是個良僕，盡忠職守直至老人家過生。阿龐很想她轉往自己家中幫手，不過初時多番說服也未果。他在徬徨之際，卻嘗試從一個曾經擁有的角度去想：「如果佢真係要走，唯有就係感謝上帝，因為佢過去嗰 7 年，嚟到幫我爸爸，支援我哋

呢個家庭。我哋真係因為有佢嘅緣故，變咗好多嘢都好放心，放心爸爸得到一個好好嘅人照顧佢。」

除了套用另一個框架看世界，另一條通往感恩的蹊徑就是「品嚐」。我們可以回顧一下生命，細想當中讓你心生感激的人與事，愈仔細愈滋味。小聲友 Kenneth 和 Hilton 分別念起父母的養育之恩。

Kenneth 最敬佩爸爸長年的堅持。他的父親是位點心師傅，朝朝凌晨四五時起床，有幾年甚至早多一兩個鐘。他在酒樓的工時也長，每天逾 10 小時，幾十年來天天如是。這份體力要求不可小覷的工作，對於一位年齡將近六旬的男人的確不易，難怪看在兒子眼眸，「爸爸好辛苦做嘢養大我哋三姊妹。」

Hilton 最想答謝的則是媽媽，儘管母職要人「執屎執尿」，但其還是充滿神聖，是份永不休止的天職。Hilton 自小有個習慣，萬一有起事來馬上便大喊「阿媽呀」！現在大了，她想戒除這個陋習，可惜說易做難，尤其當她累倒在梳化打盹，一凍醒又忍不住「阿媽呀」嚷著要張毛氈。

念起母愛，大聲友慕潔的回憶同樣是暖笠笠的。她小時候住在九龍城寨公園一帶，沒水沒電，夏天睡覺媽媽便要捱夜替囝囝撥扇，冬天則因在冷水煮飯洗衫弄至雙手皸破。除了有形的愛，慕潔亦肯定媽媽對她無形的影響，尤其在價值觀灌輸上。今天人人誇讚慕潔很是個關心別人的人，她卻謙遜地歸功於母親樹立了楷模，讓她耳濡目染。媽媽美善的力量，此刻依然長存她的心裡，教她就算遇上挫折，亦可從中找到生之勇氣。

其實，我們各人家裡都有一架像多啦 A 夢一樣的時光機，隨時帶領我們回到舊時。指的是一本本相簿，翻一翻即可穿越時空，猶如大聲友阿龐的故事裡所展現的那樣。礙於視力衰退，他的父親倚仗拍照來看清身邊的人，怎料一影便是卅載，過生時竟留下 500 本相簿。阿龐一邊整理，一邊重溫許許多多遺忘了的片段。每幀相片，彷彿把舊時美好的時光凝結下來，有聚會、聚餐、家訪、旅行，場面煞是溫馨。相中人不少經已不在了，阿龐從中悟出一個道理：「其實一個人喺每個時空裡面，同其他人嘅相遇都好獨特，可能永遠都唔會返嚟。」所以要珍惜，所以要感謝，就如佛家「恩緣和合」的觀念，眼前看似平凡的一切，是由諸多條件走在一起方能成就。

　　閱畢以上聲友們的示範，讀者您也試試回想一下有什麼感恩的人與事吧。若覺合適，不妨寫張心意卡告訴對方，或僅僅傳一個短訊，只要說得真誠，那份觸動可以存留一輩子，就如 Hilton 在外跟友人旅行慶祝生日當天收到爸爸發出的訊息一樣。「係第一年唔喺你身邊陪你過生日。」寡言的爸爸殺她一個措手不及，感動之餘，她立時下決定，往後生日只會留給父母一起過。

　　您亦可以嘗試一個 WWW──What Went Well──行動，睡前回想 3 件發生在當天的好事情。Anson 在實習時接觸一班中度智障青年，訝異「佢哋好容易多謝人哋嘅」。讓我們向他們學習，重拾一點童心，畢竟還在小小年紀的時候，我們很容易便開口跟身邊人說聲謝謝！

十二月：遺贈

一看到「遺贈」兩個字，可能你會即時生起半點猶豫。你大概會問：「這跟『遺產』有何不同？」接着，你又暗暗地想，「哎喲，沒有欠下一身債給後人，已是不錯的成就嘛！」請放心，就算我們留不到一大筆遺產，亦可留下一身遺贈。試試重讀上一句話，你會察覺「一筆」和「一身」兩個不同的量詞。喜歡也好，不喜歡也好，我們的生命無時無刻都在發放着一些訊息，身邊的人看在眼裡，記在心上。他們會憶起我們的一切：

我的口是否經常口出恩言？

我的手為了什麼傾注全力？

我的心為了什麼事而跳動？

我們一身都是遺贈，活著就是一種樣式，人家看見了你，或可將其傳承下去。

請選擇 A 或 B 作 5 分鐘的回應。

選項 A

選項 B

想像以下四個類別的人：

一、親人

二、摯友

三、職場上的好拍檔

四、社區裡認識你的人（例如，教會、義工團體，或興趣小組等等）

假如以上的人輪流述說你的生命，你最希望各人如何記得你？

你有什麼性格特長和技能，倘若子女或孫兒長大後同樣擁有，倒也覺得不錯？

友誼小姐
小聲友：青榕

今個月嘅主題叫做遺贈，喺我生理層面啦，呢隻字對我嚟講都仲有點距離，不過都講一講希望周邊嘅人如何去記得我。

第一個類別嘅人就係親人，我希望我屋企人會點樣記得我呢？嗯，我會分幾個唔同層面去講。

第一個層面就係時間方面，希望佢哋知道我係願意用時間去陪伴佢哋。我平時比較忙啲嘅啦，學業上面又要趕，之後上莊呀，課外活動呀，或者 part-time 呀，都佔據我好多時間。但若然我有空餘時間，其實我都好願意陪佢哋。好簡單嘅，陪阿媽去買餸，我都好樂意囉。因為陪住佢，可能已經 feel 到我對佢個種愛有幾咁強勁。以前嘅話，會陪屋企人喺香港周圍行嚟行去，好似大埔、三門仔，之後又會去尖沙咀呀，嗯，都會去港島區、中環區，睇下唔同嘅建築物，或者是是但但地行已經好好。屋企人年紀都比較大啦，去到退休年紀，唔需要做嘢，喺屋企都會無聊啦，就算成日陪朋友去飲茶，去行山呀，但係都需要屋企人陪伴嘅時間，所以我願意，唔係願意啦，係應該啦。

第二樣係心理層面，我會用盡全力去達到佢哋一點嘅期望啦。我平時好忙啦，喺學業上面，或者課外活動上面，用咗好多時間參與其他活動，希望佢哋知道我做咁多樣嘢，都係希望唔好令佢哋失望。我希望可以建立一個安全網，令佢哋唔需要擔心我，

而佢哋自己都有好充足嘅時間去做自己嘅嘢。係啦,我希望可以提供到咁嘅條件比佢哋做自己想做嘅嘢。

靈魂上跟摯友共振

至於第二個類別嘅人呢,就係摯友。我希望佢哋點樣記得我?我希望佢哋知道我支持佢哋,even 做咗任何決定。當然啦,我會從身為朋友、身為旁觀者嘅一個角度,提供一點意見,但係最後做選擇嘅都係我朋友。我會尊重佢囉,唔會話佢唔跟我,就覺得佢錯,所以我要 ban 咗佢,咁就唔會。希望佢哋知道我係一個支持佢哋嘅朋友。可能我唔係口講,但我心中都係默默支持,而且係一直支持嘅。或者,當佢哋遇到挫折、困難嘅時候,希望佢哋知道我其實一直陪伴佢哋,even 我嘅肉體唔喺佢哋身軀隔離,但我精神上、同靈魂上都係與佢哋共振。如果佢哋心中知道有人 support 緊,可能都會更加肯定個決定,而當一個人肯定個決定,就會有股信念完成佢,做好佢,所以我覺得呢種 support 都好緊要。

第三個類別就係職場上嘅 partners 或者係學校嘅同伴。我希望佢哋點樣去記得我?去到呢個層面,我哋可能都會有共同嘅目標啦,要去完成一樣嘢。我希望佢哋知道,我係一個有責任嘅人,even 我講咗啲唔好聽嘅說話,或者畀咗啲唔係幾好嘅 feedback,都希望佢哋知我唔係針對某一啲人,而只係令進程或者計劃實行得更加好。希望佢哋唔好誤會我,我係一個好願意畀 ideas,或者參與討論嘅一個人。

只要記得我成日笑

　　去到最後啦，希望社區入面認識你嘅人，即係興趣小組或者義工團體啦，希望佢哋如何記得我。我希望佢哋唔需要記得我啲好深刻嘅嘢，只需要記得我開心嘅嘢，譬如話佢哋會記得我係一個成日都會笑、好開心嘅人，或者係我表現出一點行為好友善嘅，對人好好嘅印象就 OK 㗎啦。點解？因為如果佢記得嘅話呢，就證明我散播緊一點 positive 嘅 image 出去，我覺得呢樣嘢都幾重要囉。我唔希望令到人哋 feel 到一點負面嘅情緒或者印象，因為咁樣會對他人產生一種負擔。明明好好地一日，好開心嘅，無端端有個人喺度爆緊啲負面情緒嘅話，其實對雙方都唔係幾好。若然佢剩係記得我一點 positive 嘅印象就好啦，咁樣對佢嘅身心健康都有益。呢種 positive 嘅 image 對於他人嚟講有幫助，所以唔需要記得我一啲好 deep 嘅嘢。

　　係囉，就係咁，完㗎啦，拜拜！

人世間有兩款臉龐，一種是笑臉，另一種是苦臉。你最想別人記得你哪一款臉？

大聲友 阿龐  回應

要一位年青人談遺贈，有點難度。青榕選擇談她希望別人怎樣記得她，兩者性質上有些不同。遺贈是比較從別人的角度去感受和判斷，「想別人記念」是比較從自己的角度出發，兩者的內容都可以很寬廣，除了個人的榜樣，關係和愛心等，也可以包括一些制度上及專業等方面的貢獻。我從這位友誼小姐感受到她給親友的遺贈，包括支持、接納、尊重和對自己的肯定。

「助燃」起行

小聲友：John

今個月嘅主題呢就係遺贈，個描述都講到呢兩個字同遺產唔同。都係一個幾深層次嘅主題，我嘅第一個感覺，就係一種承傳啦，可能係一種生命影響生命嘅形式。呢一種嘅互動，會為其他人帶嚟一啲嘅改變，令生命從此不再一樣。

我幾鍾意呢個題目，有陣時都會去諗，身邊嘅人會點諗我呢？好似呢個題目咁話，睇佢哋輪流講我嘅生命，呢個係幾有趣嘅話題。自己都希望可以聽到一啲——啊——原來我喺人哋生命裡面真係做緊好事，正面改變咗佢呀！但係亦都驚嘅，可能自己都唔知原來做咗啲陰暗嘢，靜靜雞做咗啲唔知咩嘢，原來啲說話係 hurt 過人，咁樣就唔係咁好。

先講社區我認識嘅人啦。我唔係一個好主動嘅人，唔係好活躍。但係，有陣時喺教會嘅群體裡面，都希望偶爾講出嚟嘅說話，對人係一種金言。聽落有少少傲慢，但我唔希望自己每一句說話，都吵吵鬧鬧，一啲純粹講笑，無乜營養嘅嘢。我希望自己講嘅嘢可以成為人哋嘅啟發，希望可以喺佢哋眼中，我都有咁嘅一面。

我之前返工，而家讀返書，所以我會將第二同第三類別擺埋一齊講。同呢類人相處，我唔會偏多主動問候關心。但係如果我見到身邊嘅人唔開心，都會嘗試私底下關心，作出一個問候。雖然我個人唔外向，唔會好主動關心人，但係我都希望呢啲少少嘅

舉動，畀人感受到其實阿 John 係好關心、好重視團隊，好重視同行意識，唔係一個好單打獨鬥、自己做自己嘢嘅人。

同埋，我想佢哋見到我係一個持之以恆嘅人。我覺得每個人都有自己想專注、想去發展、想去堅持嘅嘢，如果我呢一份毅力可以成為人哋一個助力，成為大家燃點嘅油嘅話，我會覺得好開心啦。可以成為人哋心裡面一座助燃器嘅話，作為一個摯友嚟講，就係要有呢啲嘢，互相支持，互相扶持。

唔想剩係做乖仔

最後呢就係親人啦。坦白講，我覺得自己嘅親人，唔會擺太多嘅期望喺我度。我嘅意思係，佢哋唔會期望我功名大業，成為一個好犀利、搵到好多錢嘅人，而係一個腳踏實地，養到自己，畀少少家用屋企就可以嘅人。由細到大，父母都覺得我好乖，唔會去犯事，但係就唔係好安穩，唔可以好清楚講到自己嘅需要。呢個都係一個好大嘅提醒，有時我都會諗，自己係咪都應該要改變呢？係咪要懂事啲呢？係咪唔應該太過去追求自己嘅理念呀？或者就算追求，都要多啲理返屋企？

有陣時都會有啲困惑。但係點講都好，我都希望自己想做嘅嘢，可以做到成功。唔係話要做到咩事，搵到好多錢呀咁樣，而係可以喺份工作之中，搵到一份意義。我好希望喺父母眼中我係咁樣，唔係單純係一個搵兩餐就夠嘅年輕人，一個唔會犯事嘅乖乖仔。

仲有一個小總結啦，我自己係幾鍾意呢個題目，一開頭佢個描述有講到一句，話我哋嘅生命無時無刻發放一啲信息，其他人唔只睇喺眼裡，仲會記喺心裡面。今次嘅分享啦，其實都令我重新整理，整理返自己過往所做嘅所講嘅，究竟對身邊人有咩意義，有咩影響。今次個題目幾正，期待 Clement 你嘅分享！

遺贈小貼士 別小看自己年輕，你的一言一行，也可泛起陣陣漣漪。

大聲友　譚生　**回應**

John 對一身遺贈有點「人過留名，雁過留聲」的意味。無論對教會裏的弟兄姐妹、同學、同事以及摯友都希望留下正面形象，希望能透過言行啟發人，成為眾人的助燃器，一同發光發熱，情操高尚。但當面對家人時，其既有的期望似乎困擾著 John 你。我想如果能和父母多點溝通，培養出「你的成功是我的榮耀」的信念，相信能解決你的困惑。

親和力場
小聲友：Nardo

Hello Panda，我係 Nardo！今個主題係遺贈，我就揀題目 B 啦：你有什麼性格特長和技能，倘若子女或孫兒長大後同樣擁有，倒也覺得不錯？

睇返我 20 幾歲人嘅生命，自己個性格比較沉靜，比較有耐性，比較有親和力啦。我覺得呢一個親和力，同我而家份社工都有好緊密嘅關係，因為你面對一啲服務使用者呀或者長者，你嘅親和力可以令到人同人之間個隔膜消除，令到對方好願意同你傾訴，打開自己嘅心窗。喺親和力呢方面，都算係自己其中一個特長，如果第日我嘅子女或者孫呢，都擁有呢個特點，對佢哋未來嘅工作都有一個優點或者好處。

回顧返我之前，可能實習呀或者喺工作上，我個性格同親和力都可以令到我同服務使用者打好個關係。譬如我之前喺一個長者院舍做社工，我個性格畀長者感覺到我係容易親近，容易傾訴。有時有啲長者有啲情緒，或者一啲問題呀，佢都好樂意搵我傾偈，去解決困難。社工都有一個元素，做一個聆聽者嘅角色，咁你擁有親和力同埋好有耐性，願意聆聽人哋嘅說話，會令到關係更加緊密，佢就會信任你呀，尊重你啦。我覺得親和力同埋互信，對社工呢個職業係好有幫助嘅。

由內向變外向

技能方面呢，自己平時比較鍾意踢波，同朋友一齊踢，呢個都算係一種技能啦。即係透過一個運動去擴大我嘅社交圈子呀，令我識更多朋友，令自己由一個內向嘅人變成一個外向嘅人，會主動同人接觸。踢波呢個技能，都可以令到我大膽啲啦，同埋樂於同人相處囉。

喺囉，都希望我嘅子女或者孫呀大個咗都可以擁有呢個親和力同埋可能鍾意做運動啦，除咗同人相處可以打好關係，都令到自己身體更加健康啦，令到佢有多啲平台去認識唔同嘅人或者事囉。呢個性格令我認識到一啲真心嘅朋友，唔係短暫嘅，令到我哋個關係更加緊密，朋友之間都可以做到一個互信。

今個月嘅主題就分享完畢啦，好，唔該晒！

 聖經寫道：「溫柔的人有福了，因為他們必承受地土。」和善的人，正好贏得友誼這片沃土。

人貴自知，一切行為由心出發，所以知道自己所想所要的是什麼。了解自己的個性和能力，才可有適合自己的目標。現今社會，身為父母的責任不全是讓子女傳承自己的才能或財富，而是要身兼子女的生命導師，讓他們認識自己的本質、個性，從而有所發揮，完成自己的目標。每人出生時就有不同的外表和個性，除非是克隆技術的複製品。所以父母有遺贈，也要兒女肯接受和有合適使用的能力。

攜帶基因
大聲友：譚sir

又到 12 月，今個月嘅主題就係遺贈，其實係幾生僻嘅名詞嚟嘅。我翻查文章呢，發覺原來遺贈唔係遺產，唔係一啲物件嚟嘅，而係留界身後嘅人嗰啲生命品質。簡單嚟講，以我嘅解釋就係人嘅一啲軟實力，隨著生活上嘅一言一行、一舉一動呢，就觸動到他人，喺別人嘅心田散落嘅種子，係生命影響生命嘅紐帶。

對於呢個題目，其實起初真係唔知有啲咩嘢可以講，要我想像別人對我生命嘅印象呀、敘述呀或者對後輩嘅影響呀等等。呢啲假設性嘅問題都幾困難嘅，因此嚟講，我就嘗試問下我個女啦，問佢：「喺你心目中我係個咩嘅人？有啲咩嘢值得欣賞？」

佢不加思索就回應啦。佢話我係一個好勤力嘅人，為人正直啦，好進取啦，雖然係一個教師，但係唔會因循，樂於嘗試跳出自己嘅 comfort zone，接受唔同嘅挑戰。我細心諗一下，發覺佢對我嘅評價，其實都幾中肯嘅。事實上，我從事教學 30 幾年啦，教過兩間中學，大部分時間都係早出晚歸。尤其第 2 間學校返工嘅時候，因為學校喺粉嶺，而我就住喺港島杏花邨，每日要朝頭早 6 點鐘出門，夜晚黑返到屋企差唔多 8 點鐘，咁樣都有 15 年嘅。工作期間呢，無論喺邊間學校都好啦，我真係好少請假，記憶中呢 30 多年嘅工作生涯呢，我只係請過 5 日假咋。而遲到就更加絕無僅有，記得只係試過一次嘅咋。當然作為教師呢，其實帶嘢返屋企做，基本上係例行公事啦。所以喺我女兒嘅心目中，就覺得我係勤力呀、盡責呀。

快退休也不怕新嘗試

我教咗書咁多年啦，基本上都係專注教學。雖然職銜係一樣，但係我教嘅科目都唔少㗎。早年因為我喺大學讀物理出身，所以本行可以教數學、工程科學呀、初中理科呀、物理等等。後來呢，慢慢轉咗去教生活與社會呀、中史呀、地理呀、通識教育咁。點解會教通識教育呢？主要嚟講，係因為教改呀，高中選修課減少咗，啲學生選讀物理科都少咗，因此就要另謀出路。喺48歲嗰年，我就在職咁樣樣去讀個通識教育碩士學位，專教人文學科同埋通識科。其實學無止境嘅，我都好有興趣去試下啲新嘅事物，對我嚟講適當離開 comfort zone，先能夠真正享受 comfort。

除咗教學之外，我都擔當過唔少嘅職責，包括公民教育呀、學生活動呀、教務主任等等嘅專項。退休前呢亦都做咗新嘗試，包括電子教學呀、STEM 教學統籌。

喺學生同埋同事之中，我係一個文理並通、多才多藝嘅教師。甚至有啲初中學生以為我無所不能、無所不識嘅，其實我都話畀佢聽，我都有我死穴嘅，例如對音樂嚟講，其實我係一竅不通嘅。都有啲相熟嘅同事呢，閒談之間都話好欣賞我能夠接受新事物，唔會就快能夠退休啦，就抗拒改變，都仲會不斷嘗試。臨到退休前，都試做一個電子學習呀，同埋 STEM 教學呢啲改革項目。

喺我角度嚟講，其實只要一日喺工作嘅話，有需要就要學㗎啦，唔識做就要學㗎啦，呢個係一個責任，唔係一件苦事嚟嘅，同個 comfort zone 無關。咁當然，都希望家人呀、同事呀、學生能夠認同。

原來源自父親

　　我估呢啲就係我嘅遺贈嚟。當我反思呢啲遺贈，發覺原來我對工作嘅熱誠同埋執著，原來係來自我父親。我父親係一個基層，肉店嘅一個售貨員，一生勤奮，都係早出晚歸嘅，五點幾就要出門口，夜晚黑七點幾先返到嚟。最弊嗰陣時嘅勞工法例唔多，唔夠完備，佢一年 365 日只有兩個半天休息。你問我嘅話，佢絕對係一個勤力而又負責任嘅人，好多時當我做得辛苦，或者好難堅持嘅時候，都會引用佢嘅辛勞嚟鼓勵自己。我突然間發覺，雖然我同佢好少談心，但原來佢身體力行，不知不覺就進入咗我心裏面。對工作執著、唔會埋怨呀、敬業樂業呀、認真負責呀，其實佢係影響咗我。我發覺原來遺贈嘅施與受過程係咁奇妙，以身作則能夠更加深刻咁影響身邊嘅人。

　　希望能夠聽到阿 John 你分享啦。喺呢度就祝新嘅一年，大家都能夠身體力行，遺贈眾生。

 遺贈是個奇妙之旅，把幾代人連結起來。你有否想過，今天的你如何受到上一代人的影響，而你又正在怎樣影響下一代人？

小聲友　John　回應

聽完 Clement 你的分享後，真的佩服你那份不怠
而且求變的態度。你的身體力行無疑演活了「生命
影響生命」這回事，儘管影響身邊的人未必是你的
初衷。希望我能從你身上傳承那種對工作認真和負
責的執著，逐步勇敢地實踐自己的抱負，鼓舞身邊
更多迷惘的伙伴。

得
閒
傾
偈

百「得」阿姨

大聲友：阿香

呢個 12 月呢，我選擇咗 B，講我有乜嘢嘅技能，希望啲仔女呀、孫呀承傳到。我呢，係一個動又得靜又得嘅人，都叫做萬事都隨意啦，哈哈哈，即係比較容易同人相處囉。始終同人相處，人同人之間呢，可以融洽嘅話梗係融洽，可以隨機應變。咁樣同人哋溝通嘅話梗係好事啦，係一個德行，係好緊要嘅。你出嚟做嘢，做咩嘢都好，做事對人都要認真對待。出嚟做嘢要守時守信啦，待人呢，忍得到嘅嘢都要容忍囉。

遇到困難嗰陣時就要解決，唔應該逃避。好似我哋咁樣，已經係老人家啦，一生之中都會不斷遇到好多困難；要適應生存就要適應環境，隨住環境變化而變化。

都希望啲仔女呀，可以適應到呢啲生活環境，唔好郁下小事就氣餒，覺得呢個世界好慘。始終人無百日好，花無百日紅，你喺生活中呢，好多時都會遇到困難㗎。一定要諗辦法去解決，辦法總係比困難多，冇咩嘢解決唔到嘅。

呢個平台咁快呢就到咗尾聲啦，雖然個個月底要錄音，都有少少壓力嘅，但係大家對話咁耐，係覺得有啲唔捨得囉。

 上一代留下的諺語，或會成為你隨時的幫助。

 小聲友 Victoria 回應

「人無百日好，花無百日紅」，呢句說話好靚呀，我都係第一次聽！其實近排個世界真係有啲難，不過聽到呢一句話，又好似有返啲力氣。謝謝香姨你！

是愛也是責任
大聲友：阿龐

　　青榕，今個月個主題叫做遺贈，不過我就比較鍾意「承傳」呢個 term，唔知係咪因為我上咗年紀，就會諗到承傳嘅問題。都好多謝有咁嘅機會，去諗返呢樣嘢，呢一次嘅分享，亦都畀到我去做一啲回顧。

　　承傳睇落去有兩方面嘅，一方面係我由上一代嘅人或者前人、我周圍嘅人，所承接嘅益處、好處，或者一啲收穫到嘅嘢；另外一方面呢，係我畀下一代，畀年輕人嘅影響，或者一啲幫助。

　　首先我想講返，我喺上一代嘅人所承接嘅嘢。我係好感恩嘅，首先就係我媽媽啦，佢係一個好肯自我犧牲嘅人。我記得佢提過話，「蝕底就係著數」。呢個其實就係佢做人嘅宗旨，自己係好蝕底嘅，但係就將所有著數畀晒人。呢個印象一路都留存喺我嘅腦海裡面。

　　另外一位就係我教會裡面嘅牧師，佢好有學問，喺聖經教導嗰方面就做得好好嘅，同我以前所接觸到嘅牧師好唔相同。以前嗰啲可能淨係講信仰，喺知識嗰方面嘅結合就好弱，呢位牧師既有知識，亦都喺信仰嗰方面好認真。佢好真性情嘅，好多時候講道講自己嗰啲不足，唔會去宣揚自己。同埋佢係好敏銳喺人嘅需要上，之前我個心臟有啲問題，佢知道就即刻介紹醫生畀我，幫我嚟到做手術。

從歷史人物學到榜樣

　　除咗呢兩個榜樣之外，我都喺歷史人物裡面學到好多嘅。包括咗德蘭修女啦，佢 impress 我嘅地方，就係喺印度街頭執一啲爛身爛世呀、垂死呀，或者好污糟邋遢嘅人，一啲冇人願意去接觸呀，冇人願意去收留佢哋嘅人，當佢哋係上帝、當佢哋係耶穌咁嚟服侍。有人話佢嘅神學有啲問題，人唔係耶穌嚟嘅，佢就當咗佢哋真係好似上帝咁嚟服侍。

　　另外一個就係德國神學家潘霍華。佢喺二次大戰嘅時候，明知喺美國返返去德國係死路一條，佢都要返去參與反希特拉嘅行動。結果就被捉咗，3 年喺牢獄裏面，最後尾就被處死。佢喺一位好年輕、好出色嘅神學家，寫咗啲好重要嘅書籍，其中一本叫做 *The Cost of Discipleship*，即係話做門徒嘅代價。佢唔係淨係講點樣做耶穌基督嘅門徒，佢自己亦都付出咗沉重嘅代價，嚟到實踐佢嘅信仰。

　　第三個嘅人物又係歷史人物，我諗你可能都聽過史懷哲醫生。佢係一位德國醫生，佢喺神學、音樂、哲學各方面都非常有成就。但係佢毅然學醫，去到非洲行醫，時間相當長嘅。

　　呢三個歷史人物都留畀我一啲好重要嘅榜樣，我都有同同學分享一啲印象深刻嘅地方。當然都仲有好多其他嘅人，我係喺佢哋身上面學到好多嘅榜樣，對我嘅發展各方面都係好大幫助。

比處理事務更重要的事

　　睇返我自己有啲咩嘢可以帶落去畀人呢？我都喺度好疑惑呀，其實我有啲咩嘢帶到畀下一代呢？帶到畀年輕人呢？咁發覺我可能喺 40 幾年嘅工作裡面呢，喺教學嗰方面呢，譬如家校合作呀或者係快樂追尋呀，可能都有好多嘅教導 pass 到落去啦。我喺宿舍做咗 11 年舍監，或者都有一個積極作用，建立一啲社堂文化。我喺學院裡面好多時候都管理一啲課程，我都有好盡責去管理。

　　同埋好多時候解決一啲學院嘅問題。記得有一次呢，喺校園裡面有示威，因為我哋學院課程要取消呀，取消之前冇準備同埋諮詢。後嚟院長叫我去處理，結果我就冒住得罪院長嘅危險，提出個反建議，要重新開返嗰個課程，維持多兩年啦，卒之個問題就解決咗。

　　另外呢，教育學院過去因為要攞到個自我評審嘅資格，要做好多嘅評審嘅。我喺呢方面，亦都代表學院有好多嘅參與，建立個新嘅教育學士課程呀，個教育嗰部分我都係主力嘅策劃人啦。我喺教會亦都有教主日學呀，亦成立一啲老人院嘅探訪隊呀。之前喺學校就建立一啲嘅制度呀，一啲委員會制度呀，可以幫助到學校比較健康發展。

　　不過呢，回顧返我嘅人生，就係好多事務，或者都有少少成就，但係真係好少機會直接去建立人嘅方面。其實我都有過幾次

經驗，建立人嘅滿足係好大嘅，不過好多時我就好似專注咗喺事務嗰方面。如果有機會再畀我做嘅話，我就希望可以直接接觸到多啲人。另外呢，我就覺得好多人幫助到我，但係都好似冇乜機會嚟到向佢哋表達感恩。

咁最後尾，我自己都提出咗 3 個問題，都係關於我嘅承傳：我對我太太、我個仔嘅影響大唔大呢？對我嘅父母回饋足唔足夠呢？我從小就已經有個志願，希望可以對中國有啲貢獻，咁啲貢獻又喺邊度呢？其實呢 3 個方案，我都覺得自己做得不足。不過，我真係好慶幸可以有機會嚟到去回顧返承傳呢個課題，咁今日就同你分享咁多先，拜拜。

建立有兩個面向，一個是直接建立身邊的人，另一個是建立一個好制度，讓身處其中的人活得更好。

小聲友 青榕 **回應**

喺承傳方面，我相信阿龐過去犧牲咗好多。作為一個老師，唔單止教同學，仲要揣測學生心理，用更適合嘅方法教好佢哋。另一方面，雖然承傳好緊要，我哋有嘢傳畀下一代，但係都要睇被承傳嗰個人願唔願意接受。我睇得出阿龐你好願意接受學問，譬如教會嘅牧師、德蘭修女、德國嘅神學家同埋史懷哲醫生。好多人聽到佢哋個名就算，但係你會搵出佢哋身上值得學習嘅嘢，所以阿龐你好叻啊！

跨代學習：遺贈篇

「人」一字只有兩劃，不過日本人對這字的理解殊不簡單。日文的「人」字是「人間」，意味任何人都生活在人與人之間，在關係裡存活，沒有割裂的我，只有關係中的我。一有關係，就少不免互為影響，無論刻意抑或不刻意，喜歡也罷不喜歡也罷。而且，我們曾經怎樣影響人，將會印在身邊人的心田，並會保存多年。

你想身邊人怎樣記起你呢？這份存留在別人心田的記憶，就是遺贈了。聽聲友們的分享，大家想留下來的有兩樣，分別是一支膠水和一堆柴火。

膠水代表相處融洽，使人黏作一團。小聲友 Nardo 說，假如有種個人特質可以傳給後代，他挑了親和力，好讓對方也能像他一樣打破關係上的隔膜。同樣，大聲友阿香為人隨和，她盼望自己的子子孫孫都是容易相處的人。

柴火代表助力，多作促進生命的事。小聲友 John 願意自己化作一部人肉「助燃器」，支持摯友們邁向目標。另一小聲友青榕則想散播喜樂的種子，好讓身邊人的心理擔子減省一下。大聲友阿龐的心願亦是當個火柴人，多點燃燒自己，照亮他人。他回顧人生，察覺一生似乎多了一點事務，儘管略有成就，卻稍稍遺憾少了一點直接建立人。

遺贈是個奇妙之旅，同時穿梭過去、現在以及未來 3 個時空。換另一個角度看，我們既在影響下一代人，也受上一代人影響，即有傳亦有承。大聲友譚生找了女兒做實驗，不尷不尬的問：「喺你心目中我係個咩人？」囡囡不假思索，數了一籃子美德，頭一個就讚他勤奮。譚 sir 甚覺所言甚是，找了逾 30 年的教學生涯作例。他說多年在粉嶺返工，朝朝 6 時由港島杏花村出發，晚晚 8 時許才回到家，15 年來卻僅僅試過遲到一次。至於病假，可用一隻手掌的指數數清。不過，他要誇耀的不是自己，而是他的亡父。「我對工作嘅熱誠同埋執著，原來係來自我父親。我父親係一個基層，肉店嘅售貨員，一生勤奮，都係早出晚歸，5 點出門，夜晚黑 7 點幾先返到嚟。」

　　思索一個人的遺贈，讓人細想「今天的我」如何塑造「今後的你」，又「今天的我」如何受惠於「昨天的你」。大家往往忘了，我們每一個人都會留下遺贈，我們生命的每一刻都在為它添磚加瓦。說到遺贈，修女 Joan Chittister 在《老得好優雅》的話值得銘記：

　　「我們留在身後的是什麼？這將標誌出我這一生的主軸。我們留下自己對世界的態度。我們有沒有啟發他人對生命抱著熱愛、對所有一起活過生命的人抱著開放的心胸？這點大家將記得。我們的笑容，我們的愁眉苦臉，我們的歡笑，我們

的抱怨，我們的義舉，我們的自私，這些大家將記得。我們留下自己的價值系統，全世界都看得到，因為它刻劃了我們所做的一切。我們看重人生中哪些事情，人家從未直接發問卻對答案瞭若指掌。他們知道我們關不關愛地球，因為他們親眼見到我們為花床播種——或是看到車庫裡廢物滿溢，直堆到原本可以做為花園的地面。他們知道我們對膚色不同、信仰不同的人有什麼看法，證據來自於我們的言談及我們交往的人。他們知道我們的精神層次，只要看看我們怎麼對待身邊的人、我們對生命怎麼想，以及我們把自己的生命用在哪裡，就一清二楚了。」

你呢，想別人怎樣記起你？

主題：

我最寶貴的東西

做電台的人，通常天賦一把靚聲。而做聽眾的，大概都曾幻想，想像一下聲線背後的容貌是怎樣子的。我敢打睹，這是是次跨代聆聽計劃參加者的心情寫照。

計劃邀來 22 位大小聲友，花了整整一年時間，每月按一個主題錄個 5 分鐘許的聲檔給對方。他們從未一睹空氣中說話裡的人的廬山真面目，直至在慶祝計劃完滿結束的一天。

在閉幕禮當日，聲友一到場就被要求默不作聲。各人的手袖給貼上一個數字，然後獲發一張紙和一支筆。他們要做的，是在 10 分鐘內一邊填寫活動檢討問卷，一邊估下誰是自己這年來相知相交的聲友拍檔。猜猜多少人配對成功？真的有點意外，只有兩三位猜中。有趣的是，好幾位小聲友不約而同指向同一人為自己的大聲友。當然，當中只會得一個對，或者全數錯。

估完誰是我的聲友後，大會旋即來個破冰遊戲炒熱氣氛。由於「彼聲戴悅」涉及聆聽為主，這個名為「大聲細聲」的集體遊戲亦跟聲音扯上關係。玩法相當容易，先邀請一對一老一嫩的聲友離開房間，留下來的則圍成一圈，主持人接著拋出一個主題，例如點心。然後，主持數 3—2—1 發施號令，玩家按大聲或細聲的指示同時喊出自己的點心名，例如蝦餃、燒賣、腸粉，以及叉燒包等等。由於聲音混成一團，要聽清楚一點也不易。示範完後，請回先前在房外等候的一對，邀請他們站於圈內，兩人將有 3 次機會，選擇大聲或細聲的聲浪，看看能否估出圍圈的人所取的主題。當玩家熟習後，可自行出題（例如，水果、姓氏、國家名，以及人體器官等等），並自行發施號令數 3—2—1 開始。

玩完熱身遊戲「大聲細聲」，即時來個分組比賽，大小聲友各自歸隊，跟過去一年熟稔了的聲友拍檔組成 2 人小隊作賽。遊戲叫「玩轉老朋友」，包含 10 條計分問題，設冠、亞軍，再加最佳創意和最佳拍檔獎。題目方面，主要以促進跨代合作和增加彼此欣賞為出發點。

詳細問題如下：

1. 舉手搶答題（10 分）：海洋公園前身係咩？

2. 寫字題（5 分@）：識唔識晒呢照片裡 4 位明星嘅全名？（答案：姜濤、周柏豪、凌波，以及翁美玲）

3. 運動題（1st=20 分；2nd=15 分；3rd=10 分）：踢毽比賽，每組只派一位代表，鬥多下不落地。

4. 真的假不了題（10 分）：小聲友講 4 句關於自己嘅說話，當中 3 句係真嘅，剩低 1 句係假嘅。大聲友聽完之後，要估到邊句係假嘅。

5. 陰濕題（0-10 分）：照片中呢部係咩機？請寫出最準確嘅答案。（答案：Nintendo Switch 集合啦！動物森友會特別版主機）

6. 手眼協調題（1st=20 分；2nd=15 分；3rd=10 分）：用橡筋打星星，大小聲友各自打。完成後鬥快企起身！

7. 論盡小聲友題（1st=20 分；2nd=15 分；3rd=10 分）：大聲友要喺 1 分鐘之內，喺紙上面寫低有關小聲友嘅嘢，寫得愈多就贏。

8. 搶答題（10 分）：港產電影《幻愛》喺邊到取景？

9. 音樂題（1st=20 分；2nd=15 分；3rd=10 分）：喺 1 分鐘內狂寫電視劇《上海灘》嘅歌詞，寫得愈多愈高分。（額外獎賞：優勝隊伍獻唱一曲，否則倒扣 20 分。）

10. 合作題（1st=20 分；2nd=15 分；3rd=10 分）：大小聲友出嚟做一個屬於你哋嘅動作。兩分鐘預備。

挑戰完首 7 條問題後，大會將停下來計計分，總結一下現階段各組的表現。然後，由大會安排的蘑菇精靈突然現身，試圖替包尾一隊來個大逆轉！精靈手上持有 3 個信封，分別為加 20 分、加 10 分或扣 10 分，最為落後的一隊 3 選其一，碰碰運氣看看能否追回一點分數。

其實，上述的「玩轉老朋友」競賽未必是閉幕禮的主菜。聲友們在出席前，獲邀攜帶一件物件，名為「我最寶貴的東西」，來回應「彼聲戴悅」最後一個主題分享。他們的寶貝可謂五花八門，有在竹簡上寫的生日卡，有與小女友的連環合照，有義務工作獎盃，有一本關於長期病患的著作。其中一件教人印象深刻的，大概是由一位酷愛行山的大聲友所帶來的珍藏——印刷於 1985《晶報》頭版用來紀念該報創刊 29 週年的港島徑地圖。這張變黃了的紙，比在場所有小聲友的年紀還要大，一登場一份歷史感便躍然紙上，各人都在訝異原來香港曾有這樣一份報紙。

在這個「我最寶貴的東西」的環節裡，22 位聲友被分成 3 組，好讓人少少，更易打開心扉傾心吐意。下頁輯錄其中兩位的分享。

一張手作木櫈
大聲友：慕潔

　　媽媽出身於農村，當然識得耕種，但佢都鍾意將人哋一啲唔要嘅木料，不過仲啱用嘅，就收集起上嚟。得閒嘅時候，佢會用鋸鋸下啲木，用鎚仔啊用釘啊做下啲小木工，好似櫈仔呀，同埋擺設小雜物嘅架等等。佢嘅製成品，當然冇木工師傅嘅水準，但總有獨特嘅個人風格。

　　媽媽造呢張櫈仔，首先要計算木塊嘅呎吋，然後用鐵鋸，依照呎吋鋸啲木塊，再用鎚仔鐵釘將啲木塊釘合，每個步驟都要謹慎處理。我嘅姐夫曾經讚譽我嘅媽媽，真係好似一位土木工程師，因為媽媽識得耕種，又識用木料造啲小木工，所以泥土同埋木料，媽媽都用得好叻。話佢似土木工程師，引到媽媽好開心！

　　而家我每日，都必定會用呢張放喺廚房嘅木櫈仔，佢陪伴咗我已經有差唔多 30 年。每當我處理廚房工作嘅時候，我會將佢放喺一張標準高度嘅櫈上面，用嚟增加高度，使到我坐喺佢上面，可以挺直腰背，頭部又唔需要垂得太低，引致頸項容易勞損，腿部又得到適當嘅休息。形狀好似一個小木箱嘅櫈仔，可以為我減輕疲勞，身體又得到保健，我真係好喜愛佢，佢係我恩物嚟㗎。

　　媽媽，好感謝你，用你無盡嘅愛心，為我創造咗呢一件咁珍貴嘅禮物！

得
閒
傾
偈

Dreamcatcher
小聲友：Hilton

　　Dreamcatcher 捕捉咗我人生一個轉捩點。我當初喺青少年中心參加咗一個 100 蚊就可玩 3 個活動嘅 programme，其中一個就係學整捕夢網。學完之後，我就喺呢間中心開始咗我義工嘅生涯，同埋開始立志想做社工。所以，捕夢網係我其中一個好好嘅見證啦。而且呢，我覺得捕夢網係一個傳統嘅物品啦，我對唔同國家嘅傳統同習慣有興趣嘅，所以捕夢網都係一個幾適合我嘅小手工藝。此外呢，捕夢網本身有個寓意，想追隨美好嘅夢，同埋為你擋走噩夢。我覺得呢個解釋，係社會上所有人都想要嘅嘢，大家一直追求，但都係未得到。

　　呢個捕夢網係我最寶貴嘅東西，因為佢不單單見證我立志成為社工作為我嘅前途，亦都見證著我由義工步入社工嘅過程，同時象徵住我喜歡傳統物品嘅個人特質，另外都係一種對未來嘅期許，所以無論過去、現在或者將來都係好有象徵嘅一樣嘢。

如前所述，閉幕禮當天也邀請了聲友們填寫問卷，以下輯錄
其中一些回應：

不見面的對話令大
家容易分享內心的
世界
會令不認識的人有
聯繫，很有意義

看不到聲友的樣貌，聚聽別人的心
聲及經歷，是比較新鮮的做法
不像以前筆友與筆友互相分享的方式

各個課題都好有意義
尤其最後一次

老友記可以和
年青人交流 在時間
空中
無需走來走去，疫情下
感覺得到非常安全的交流

原來不是所有的年青人都對
對社會員只有要求，也有他們
對社會的承擔及對
前輩的尊重。

原來可以 將心事用聲
音向一位素未見面的
朋友傾訴。

這個計劃可算是史前無例，十分新
能夠的透過 聲音上製作最直接的交流
，互相了解大家需要。

對話對象保持「神秘」
有距離，又認識的感
覺。

每個的故事總有感動
人心的位置與瞬間

得閒傾偈

258

另外，問卷上亦有 8 條問題詢問聲友，以下括號內的百分比代表「同意」和「非常同意」的比例，有效回應則為 19 份：

1. 「彼聲戴悅」有助你更願意跟老少將（若你是小聲友）/ 年輕一代（若你是大聲友）溝通。（95%）
2. 「彼聲戴悅」是個不錯的跨代溝通的小點子。（100%）
3. 我很享受整個聆聽計劃（95%）
4. 「彼聲戴悅」每月的交流主題合適。（90%）
5. 「彼聲戴悅」改變了你對老少將（若你是小聲友）/ 年輕一代（若你是大聲友）的印象，變得更加正面。（95%）
6. 「彼聲戴悅」值得坊間的青少年或長者機構參考。（100%）
7. 聲友每月一次的故事讓你十分期待。（100%）
8. 你覺得值得向人推介參與「彼聲戴悅」。（100%）

下一章〈結語〉，再為整個跨代聆聽計劃總結一些學習。

結語

　　談到變老一事，有的畫面相當陰陰沉沉。例如，住老人院的話，或會給人戲稱為「三等人」，意即等食、等瞓和等死。就算可以居家安老，亦可淪為「三無人士」：無職業、無活力，以及無前景。有的描述更加露骨，乾脆用3個「D」字形容晚年的處境：衰退（decline）、患病（disease），以及死亡（death）。老了，似乎真的大不如前，再粗俗一點，就是「不中用」。

　　社會慣常從經濟的門縫看人，往往把人看扁了。長者從職場上退下火線，失卻了生產力，「長壽」頓成社會一個負擔。所以，當一地邁向高齡社會，便自然衍生成一個問題。

　　然而，這就是「老」的真相嗎？

　　閱讀書裡大聲友們的故事，似乎跟上述的負面形象差距甚遠。他們各自展現豐富的精神面貌，沒有一個沒精打采，話語更在不知不覺間啟迪了新生代。大概，讀者不難察覺，一股氣息已由一代人流動至另一代人。以下列舉一些例子：

一、小聲友青榕聽畢阿龐在「慷慨」這一主題的分享後，旋即立定心志，往後多些陪伴身邊的小朋友，讓他們日後也會念記，「有個姐姐曾經帶我去玩，給予我呢一份愛」。

二、小聲友 Tina 聽過慕潔如何追思亡母的慈愛後，當下來了一個棒喝：「你個錄音令我覺得，我應該感恩嘅人係我媽咪。」

三、蘇小小在「幸福」的主題裡描述自己最快樂的一天，小聲友嘉莉回應時說：「聽到你分享後，覺得人生仲有好多快樂嘅嘢等緊我去體驗。」

四、譚生在〈不求加，但求不減〉的故事裡，訴說了一個噴嚏，如何弄得他差點兒半身不遂。事後，他得出一個結論，就是長者的願望，大概離不開「不求得，只求不失」。小聲友 John 表示認同，並且反思：「年輕人不知不覺間一味追求好多嘢……好似咩都係關於攞。」

五、小聲友 Kenneth 的求學路程比同齡的人迂迴一點，蘇生聽後勉勵他要樂觀面對每一天，只要做好今天，日後總會「有條路畀你行出嚟」。

老年人的領悟可以化作一份禮物獻給世人。作家 Joan Chittister 在《老得好優雅》認為，老人家活得多、經歷得多，更易熬煉出大智慧。她說：「老者的服務不在勞力，他們的服務在於啟發，在於智慧，在於靈性的判斷。」這樣看來，老年毋須僅

僅被視為一個一味老化（age-ing）的過程，更可高舉為一個造就他者生命的育化（sage-ing）歷程。這個提案可用實證來支持，最權威的一個來自哈佛大學醫學研究院。該院曾進行一個大型追蹤研究，邀請了逾 800 名來自社會不同階層的男女，由他們年輕一直追訪至晚年。學者 George Valliant 對上述資料加以分析，觀察到活力久久的訣竅，在於「對下一代的成長有份」（generativity），即引導和顧關後輩。

另一位來自瑞士的醫生 Paul Tournier 英雄所見略同。這位窮其一生為使醫療更添人味的醫者，在其《學會變老》一書委以老年人一個重任。他指現代社會雖然帶來科技上無比的便利，但人與人的關係依然無比冷漠。不過，老人家正好回應這方面的不足。Tournier 解釋，人們年輕時的時間和精力，大多耗於職業發展上，根本無暇與人建立關係。若有關係的話，大抵是工作上的往來。可是當我們退休後，終從工作的枷鎖釋放開來，加上豐富的人生閱歷，大可充當一名「關係大臣」（ministry of personal relationships），為非人化的社會帶來一點溫度，不至讓其淪為一部沒有靈魂的機器。

願意花時間在別人身上，不時也會反得滋潤。是次跨代聆聽計劃，一老一嫩你聽我的、我聽你的，小聲友固然從中得著啟發，但大聲友亦得到了不少支持和肯定。例如，在回應 Ivy 和 Sasa 兩位大聲友的仁愛行動時，阿普稱讚對方「做得好好」，Hilton 則打從心底「佩服」起來。同樣，大聲友 Terry 憶述當年的戀愛故事，Anson 聽後感到當中愛意濃濃，索性把其喻為「童話」。另一邊廂，大聲友慕潔不解兒子為何十多年來不願跟她打開心扉，Tina 聽後不忘替她打氣：「千祈唔好灰心呀，男仔始終比較難去表達

感情，尤其對住媽咪，我細個都係咁。我覺得你個仔好幸運，有你呢個媽咪。」

其實，對於所有聲友，豐富了的地方還有兩處。參加此計劃的人每月均須絞絞腦汁談談自己的感想，並花心思回應聲友上一個月傳來的故事。他們素未謀面，沒有一個是摯親，卻毫不吝嗇抽時間彼此建立。不難想像，社會愈多如此這般的「時間友人」（timeful friends），肯定愈是美好。

另一潤澤的地方在於培養一個獨處的習慣，此方面小聲友最為裨益。計劃的初心銳意把兩代人拉近，靈感源於心理學家對老年人作出以下一個觀察：老了，會與新價值觀相遇，人會輕看一點物欲，待人接物更為和善，在平凡日子裡亦會更常反思人生。這種人格也許可為人類的大未來提供出路，無論對於鄰舍抑或生態都會友善一點。小聲友們遇上這樣的一個跨代聆聽計劃，也不得不靜下來回顧一下自己的生命。這很奢侈，年輕人忙這忙那，忙著讀書、兼職、拍拖，再加上去玩去癲，時間表早已擠得密密麻麻。但彼聲戴悅要求他們每月放空一次，從「doing 模式」調教至「being 模式」，聆聽一下自己內心的聲音，思索一些學校未必觸碰但卻對生命攸關重要的課題，例如幸福、愛情、慷慨，以及感恩等等。唯有獨處檢視一下人生方向，我們才可避免在虛空中加速，迷失了也不自知。

但願是次跨代聆聽計劃，可為坊間示範一個嶄新的可能，化聲線為療藥。

聲友簡介

小聲友

阿普　有普通和不太普通的地方。鍾意食，在一間餐廳獨食過後，好的話，就拖朋帶友再食。愛閱讀，愈奇怪的推理小說愈愛讀。對人裏裏外外充滿好奇，除了畫人，還選擇讀人，現為心理學三年級生。

青榕　她的自我介紹，好綠——「我叫葉青榕，樹葉的葉，青翠嘅青，榕樹嘅榕。」大學三年級女生，主修政策研究及分析，牙力十足，入選辯論校隊，閒時亦會走訪隱世小店刺激一下味蕾。

嘉莉　中五女生，酷愛羽毛球，中一開始打，次年晉身學界比賽，可惜打了三年，輸足三年。不打緊，她會繼續落賽，希望總有一天勝過手揗腳震的自己。

銘熙　超級鍾意小朋友，自己也十分小朋友，飄飄忽忽，時而太陽似的開心正面，時而下雨似的悲觀負面。但他善良，總會善待身邊每一個人，不怕 social，但心情麻麻就不 work（不交功課），注定入讀 social work，現為該系三年生。

Anson 社工系二年級生，較少說話，但一開腔就氣勢磅礴。當了基督的精兵，在少年軍獻上十年以上青春。近年，他的愛被另一隊紅衫軍分薄，夢想打工後賺錢去英國，買一張天文數字五位數門票，睇一場阿仙奴比賽！

Hilton 反地心吸力少女，十多年來「隻腳指尖對住地下轉」，喜歡跳舞，芭蕾最醒。細個經常獨留家中，沒有搞到黐線，不過自此習慣黐黐貼貼，做下手作。二年級社工系生，做義工瘋狂到好似返工。

John 不似文青，卻很文靜，心理學一年生，百無聊賴時就打書釘，偏愛偵探小說。他的探索，不僅僅停留在虛擬世界，更會走進現實世界。他擁抱風，追逐氣象，書架上放了一本本天氣的書。

Kenneth 社工系二年級生，曾立志一年內鍛練六舊腹肌。但橫看豎看，他半點不似「筋肉人」，外表反而斯斯文文，心地更柔得很，心繫弱勢，渴望在其生命故事中有份。

Nardo　偶像巧合是著名葡萄牙足球巨星 Ronaldo，不像他一樣好波，卻像他一樣鍾意踢波。經常笑容可掬，對著長者笑得格外璀璨。一位初出茅廬的社工，正忘我哋在長者院舍工作。

Tina　從前少不更事，曾經好好好爛玩，中五一畢業就打工。不知過了 7 抑或 9 年，為了一啖氣——原因不明——毅然重返校園，現正修讀心理學文憑課程。時而率性而為，但堅信今天做對了決定，沒料到自己竟然享受學習。

Victoria　中四女生，花名青蛙，當身邊女伴提起青蛙不禁噁心，她卻深覺青蛙 kawaii，甚至毫不介意告訴你，自己個樣委實有百萬分之一似隻青蛙。嗰嗰，她時不時跳到不同社福機構當義工，履歷豐富，幾乎可以即上大學。

 大聲友

阿龐　70 歲人，平易近人，吸引晒老中青三代人。年輕時走訪各地求學，做過台灣、加拿大和英國留學生。人生崗位多變，skill sets 一籮籮，當過中學老師、校長、大學教授、宿舍舍監、教會執事等等。從不自誇，倒會自豪太太為聽障人士開了一條新路，囝囝又不怕闖到泰北為主耶穌修直道路。

得閒傾偈

266

阿香 　心地好好的人，有人說她忠直，亦有人說她戇直。做過掃街，洗過巴士，擺過街邊走過鬼，又試過街市幫人賣菜，後來盲摸摸競投了一個街市舖位，人如其名，當了拜神婆賣元寶蠟燭香。

慕潔 　滿口感恩，幾乎每一秒都欣賞到別人的好處。客氣到死，找她幫忙，她倒過來多謝你。好學，年輕時出第一份糧，當晚即時入讀夜校。喜歡懷舊金曲，五月一日或會 share 一首 Bee Gees 的 First of May 給你。大半生家庭主婦，跟囡囡好 friend，但願跟囝囝更 friend。

譚生 　退休中學教師，讀物理出身，殊不知學生買少見少，唯有中途出家轉教通識。喜歡走路，當一般人只想到搭車的短距離，他或會行給你看。所以老當益壯，今天最愛遊山玩水，攀過不少香港大大小小的山，有時甚至摒棄大路，專挑偏僻的路。

蘇小小 自覺沒有書緣，小學畢業就命運自決，打工做車衣女工。往後當個酒樓收銀，亦曾轉戰 promotor，企場無數，足跡遍及全港商場。不曉作詩，但一次急智下嗌了一首成名詩：「打字唔識，打仔就識；英文唔識，『鵝』文就識。」近年多了一種健康信仰，篤信人參粉能醫百病。

蘇生　　　退休五金師傅，2003 年感染沙士，人生從前不再一樣。
　　　　　康復期間開始行山，行行下居然變成……「移山」，一
　　　　　手將石硤尾主教山改造成露天長者健身中心，不收分文。
　　　　　難怪，從前亞視舉辦的「感動香港十大人物」有他這個
　　　　　候選人。

Ivy　　　剛剛退休，前身傳道人，專門服侍更老一群。不怕長氣，
　　　　　聽長者說話聽得入神；擺個心待人，老友記入院小修，
　　　　　她就仿如救護車一樣陪同。65 歲人，更像 15、16 歲的好
　　　　　奇心，年前挑戰小型帆船，家人嚇得冒汗，不屬水性的
　　　　　她卻懶理，大影 selfie 哈哈笑。

Panda　　這隻熊貓並非南來，而在荃灣土生土長。小時，由於家
　　　　　人務農，他自然跟小豬小雞交朋友，門前的田亦沾過他
　　　　　的汗水。愛外遊，亦愛香港的山，西貢九成九的山都留
　　　　　有他的腳毛。40 年的職涯，2/3 時間在特殊學校當教師，
　　　　　1/3 則在私營殘疾院舍服務。

Sasa　　　幸福小婦人，叫老公做「愛人」，偶爾在 Facebook 放閃，
　　　　　羨煞旁人。生來一雙巧手，手指發綠，曾為康文署園藝
　　　　　老師，兼具花藝師資格。擁抱大自然，免費教人做手工
　　　　　玩「廢物」，做義工做到好盡，租了個迷你倉存放回收物。

Shirley　大半生杏林春暖，退下火線後仁心不減，舊時醫人個身，
　　　　　現在嘗試醫人個心，年前重回港大修讀表達藝術治療碩
　　　　　士課程。聽其聲線，無論語調抑或氣質，很易令人誤會
　　　　　鋼琴家羅乃新正在開咪做節目！

得閒傾偈

Terry　院牧一名，出出入入醫院超過廿年，努力工作，同事也忍不住誇讚連連。試過一個又一個凌晨，垂危病人的家屬一個來電，就「飛的士」趕到病榻前，跟奄奄一息的人合十禱告。內斂有如上一代人，正經八百，愛不易宣之於口，但他兩位可愛女兒卻見證，爸爸的愛是個動詞，行動代替語言。

書名：	得閒傾偈——跨代聆聽計劃，人生十個重要課題
作者：	李灝麟
編輯：	青森文化編輯組
校對：	張珏熒、謝曉彤
設計：	4res
出版：	紅出版（青森文化）
	地址：香港灣仔道133號卓凌中心11樓
	出版計劃查詢電話：(852) 2540 7517
	電郵：editor@red-publish.com
	網址：http://www.red-publish.com
香港總經銷：	聯合新零售（香港）有限公司
台灣總經銷：	貿騰發賣股份有限公司
	地址：新北市中和區立德街136號6樓
	(886) 2-8227-5988
	http://www.namode.com
出版日期：	2023年5月
圖書分類：	心靈勵志
ISBN：	978-988-8822-60-7
定價：	港幣98元正／新台幣390元正